赖德霖 著

民国礼制建筑与中山纪念

Ritual Architecture of Republican China
and the Cult of Sun Yat-sen

中国建筑工业出版社

图书在版编目（CIP）数据

民国礼制建筑与中山纪念 / 赖德霖著. —北京：中国建筑工业出版社，2012.6
ISBN 978-7-112-14256-9

Ⅰ.①民… Ⅱ.①赖… Ⅲ.①纪念建筑 – 介绍 – 中国 – 民国 ②孙中山（1866～1925）– 纪念建筑 – 介绍 Ⅳ.① K878

中国版本图书馆CIP数据核字（2012）第077289号

责任编辑：李　鸽
责任设计：赵明霞
责任校对：张　颖　王雪竹

民国礼制建筑与中山纪念
Ritual Architecture of Republican China and the Cult of Sun Yat-sen
赖德霖　著

*

中国建筑工业出版社出版、发行（北京西郊百万庄）
各地新华书店、建筑书店经销
北京嘉泰利德公司制版
北京云浩印刷有限责任公司印刷

*

开本：880×1230毫米　1/32　印张：$6\frac{3}{8}$　字数：174千字
2012年9月第一版　2012年9月第一次印刷
定价：22.00元
ISBN 978-7-112-14256-9
（22325）

版权所有　翻印必究
如有印装质量问题，可寄本社退换
（邮政编码 100037）

民国礼制建筑与中山纪念

住霖自署

前　言

>"圣人遗训，扫地俱尽，制礼作乐，今也其时。"
>
>——《隋书·高祖纪下》

　　1927年，陈寅恪先生在"王观堂先生挽词并序"一文中用"数千年未有之钜劫奇变"一语来形容中国近代以来所经历和所发生的一切。用它来形容150年来中国人造环境的发展似乎也不为过。的确，鸦片战争之后，伴随着外国列强的军事、政治、经济和文化的全面入侵，清王朝的覆灭以及新的国家政体的形成，中国的城市和建筑也发生了天翻地覆的变化。这些变化体现在生产制度、知识体系、美学思想、材料结构、功能类型，乃至构造施工等各个方面，从根本上颠覆了中国传统的营造业和营造学。探讨这些变化原因、过程和结果因此也就成为中国近代建筑史研究的基本课题。而新旧矛盾、中外交流、现代主义与民族主义冲突也就是考察这些变化的基本语境。

　　中国没有任何其他建筑类型像礼制建筑一样如此紧密地与社会、政治和文化联系在一起。中国近代也没有任何其他建筑具有比中山纪念建筑更广泛的社会认知。本书所探讨的就是民国早期，也即辛亥革命之后至抗日战争爆发期间，中国礼制建筑的发展以及与孙中山纪念相关的建筑的历史。

　　礼制是一个国家和民族文化信仰、价值观念和行为规范的综合体现。服务于它的建筑物也是一个社会最重要和最具文化象征意义的物质与空间表现，它们在各国的建筑史中都是最有代表性的建筑类型。考察社会巨变对这类建筑的影响因此也成为建筑史研究中一个不容忽视的课题。中国传统的礼制建筑包括崇奉天地神祇的坛庙、祭拜先人和英贤的祠堂，以及埋葬帝王与公卿的陵墓。本书试图回答的问题是，伴随社会的变革和信仰体系以及传统习俗的改变，影响中国社会长达3000余年的一种礼制建筑传统命运如何？新的国家政权下新的礼制建筑是什么？新的礼制如何影响了新的礼制建筑的设计？在这个过程中它们的设计又是如何从中外传统中寻求借鉴的？

为此，本书追溯了辛亥革命之后，中国历史上体现政权合法性、文化正统性和表达对于国家安全的企盼的天坛、孔庙和关岳庙的兴衰，以及用于表彰忠烈和贤良的祠堂在崇祀对象方面的演变。此外，本书还探讨了传统礼制和习俗对民国墓葬，如袁世凯墓、孙中山墓以及一些先烈墓的影响。本书进一步揭示了民国时期新的纪念物，如纪念碑、纪念雕像、纪念堂出现的历史和它们与一种新的崇奉方式和视觉表达的关联。

笔者以为，较之其他类型的建筑，礼制建筑更体现了历史的书写。它首先反映了信仰与崇拜在一个新时代的转变。在这个过程中，虽然还有一些传统礼制建筑被继续使用以服务于现实的政治和文化的需要，但其大部分都失去了原有功能，许多被改造甚至被摧毁。取而代之的是服务于新的社会的新礼制建筑和纪念物，其中包括英烈祠、英烈墓、伟人墓、纪念碑、纪念像，以及纪念堂。但是，新的礼制建筑和纪念物的出现并非仅仅是一种样式和种类的增加。它们还体现了崇奉方式和对纪念物识别性要求的改变，如从封闭空间转向公共空间；从碑刻文字的指示，到纪念碑造型的象征和纪念像的形象表现；从地点与时间都是固定的祭祀转向公共空间中"非专注"的接受；从祭祀者对被祭祀对象的崇奉到纪念者接受被纪念者的激励或教导。新的礼制建筑和纪念物也并非凭空产生。为了表达政治、文化上的正统性，一些业主或设计者会自觉向传统礼制建筑寻找依据。当旧的传统已经不能满足新的需要，或为了挑战旧的制度，表达新时代的政治理念时，另一些业主或设计者又会从外国传统中寻求借鉴。旧新共存、中西交织，民国早期的礼制建筑和纪念物也因此呈现出比任何其他类型的建筑更为丰富的多样性以及一个新的国家政权在建立其新的礼制系统时的多元探索。

1925年孙中山逝世之后，对于他的纪念成为了民国礼制建设的核心内容。孙中山成为了一个最受拥戴的崇拜对象，他的遗教成为了最受认同的信仰理念，而对他的纪念仪式也因"纪念周"的推行而制度化。相应的是他的纪念物与纪念空间在中国的普及。南京中山陵和广州中山纪念堂就是民国早期两座最重要的中山纪念建筑。因此，本书又就这两个重要个案进行了专题研究。第二篇"探寻一座现代中国的纪念物：南京中山陵设计"全面考察了该建筑的设计竞赛过程，以及实施方案在建筑设计上的成就。借助于分析孙中山关于现代中国的理想，19世纪以来关于中国建筑的史学史，参赛作品不同的历史关联，国民党为纪念孙中山制定的仪礼，以及"唤醒民众"的文化政治和艺术象征等背景，笔者试图论证所谓"中国风格"并非一个既定的造型系统，而是一种开放的话语，在其中，传统因素在世界建筑的语境里被重新审视和评判。中山陵的设计集中体现了关于现代中国式纪念物的不同理念，无论是风格的、功能的，还是象征意义的，它们都是对于新的民族国家的某种表现。

不同于单纯的对于建筑"物"的研究，本书第三篇"中山纪念堂——一个现代中国的宣讲空间"首先关注的是纪念堂作为一种特殊的空间形态在现代中国产生的历史。这种空间将主席台与观众席明确分开，在赋予讲演者在空间的话语权的同时，也通过将观众席有序排列，为讲演者创造视觉上的秩序感。同时，空间以孙中山像和遗嘱为视觉焦点，使得讲演者既可以以观众的领导者的身份向孙中山行礼，又可以以孙中山的代表的名义向观众宣讲。纪念堂因此被看成一个现代中国的宣讲空间，它受到西方教堂空间的影响，又服务于一种新的教义的宣传和新的礼仪的开展。笔者进一步对于该建筑以西方希腊十字的平面结合中国风格造型的"翻译"手法进行了追本溯源的考察。笔者认为,作为一个宣讲空间,中山纪念堂是孙中山"唤醒民众",即用一种政党的意识形态改造国民这一思想的物质体现。作为一个纪念物,它结合了西方学院派建筑传统与中国风格,表达了中国的民族主义者对于现代中国的期盼,这就是将东西方文化中的优点相结合。

总之,民国早期礼制建筑和中山纪念建筑集中体现了中国近代建筑史上的许多重要话题,如新旧转变、中外交流、学院派的影响、民族主义与现代性,以及中国建筑的历史叙述,因此它们也是中国近代以来建筑的设计史、思想史,甚至史学史研究不可缺少的内容。笔者相信,本书将帮助人们重新认识民国以来的礼制建筑,加深了解中山纪念建筑作为一种政治和文化的象征,对于促进现代中华民族国族认同的重要性。笔者更加期盼,本书可以为现代中国的礼制建设提供借鉴。

目 录

前言

第一篇 旧新共存和中西交织下的民国早期礼制建筑及
　　　　纪念物概论　1
　　一、坛庙　2
　　二、祠　14
　　三、墓　28
　　四、纪念碑　58
　　五、纪念雕像　71
　　六、纪念堂　81
　　结语　93

第二篇 探寻一座现代中国式的纪念物：南京中山陵的设计　97
　　一、孙中山的现代理想　99
　　二、图案竞征　101
　　三、获奖作品　113
　　四、从祭到纪念周　126
　　五、头奖作品　131
　　六、钟形平面　145
　　结语　152

第三篇 中山纪念堂——一个现代中国的宣讲空间　155
　　一、传统聚集空间与现代宣讲空间　158
　　二、孙中山的革命理想与宣讲空间　164
　　三、"翻译"方法与广州中山纪念堂的设计　165
　　四、作为宣讲空间的礼堂与现代中国　176

附录：中山陵祭堂孙中山像基座浮雕正名　181
索引　189
致谢　195
后记　196

第一篇　旧新共存和中西交织下的民国早期礼制建筑及纪念物概论

"国之大事，在祀与戎。"

——《左传·成公十三年》

"辛亥革命"是1911年中国推翻帝制的革命。民国早期则是指辛亥革命之后，或言从中华民国建立至抗日战争爆发，中国社会的一段激变历程。如果说这一时期最大的特点可以概括为"旧新共存"和"中西交织"，那么最能体现这一特点的建筑类型就是礼制建筑。礼制是一个国家和民族文化信仰、价值观念和行为规范的综合体现。服务于它的建筑物也是一个社会最重要和最具文化象征意义的物质与空间表现。本文试图探讨辛亥革命之后中国原有的礼制建筑的命运与新的礼制建筑出现的历史。在此，笔者关心的问题是，伴随社会的变革和信仰体系以及传统习俗的改变，影响中国社会长达3000余年的礼制建筑传统有何变化？新的国家政权下新的礼制建筑是什么？新的礼制如何影响了新的礼制建筑的设计？在这个过程中它们的设计又是如何从中外传统中寻求借鉴的？

在中国历史上，各代王朝都有其礼制体系。它们既是统治者或当权者政权合法性的证明，也是他们维系社会秩序的一种手段。清朝礼分五种。在吉、嘉、军、宾、凶五礼中，与建筑形制关系最大的是吉、凶之礼。吉礼居首，主要是对天神、地祇、人鬼的祭祀典礼。据《清史稿》，清初定制，祭有大、中、群祀三等："圜丘、方泽、祈谷为大祀。天神、地祇、太岁、朝日、夕月、历代帝王、先师、先农为中祀。先医等庙，贤良、昭忠等祀为群祀。乾隆时，改常雩为大祀，先蚕为中祀。咸丰时，改关圣、文昌为中祀。光绪末，改先师孔子为大祀。"[1] 凶礼则是上至帝后、亲王，下至品官、士庶的丧仪。吉礼对应的建筑是坛庙和祠，凶礼对应的建筑则是陵和墓。

1912年2月南京民国临时政府向清政府提出并经隆裕太后代表清廷认可的有关清帝退位优待条件就涉及礼制建筑，其中包括第四款"大清皇帝辞位之后，其宗庙陵寝，永远奉祀。由中华民国酌设卫兵，妥慎保护。"和第五款"德宗（按：即光绪皇帝）崇陵未完工程，如制妥修。其奉安典礼，仍如旧制。所有实用经费，并由中华民国支出。"民国政府在承认清王室对于宗庙和陵寝的保护、修缮与永远奉祀权的同时，也剥夺了它对于其他礼制建筑的控制。从此，新的政权将利用或改造这些旧设施，也要不断创造体现新政权意愿的新设施。

一、坛庙

民国从旧王朝继承的旧的礼制建筑包括坛庙和祠。其中最重要的坛庙是天坛、孔庙和关帝庙。新政权借助于对它们的利用，表达了对于政权合法性、文化正统性和国家安全的企盼。

1. 天坛

民国建立之初，如同其他自然崇拜的礼制建筑所遭的废祀命运一样，天坛旧有的宗教性祭天功能曾被暂时放弃，然而，它在中国历史上作为政权合法性的象征仍使其成为若干重要事件的所在。1912年10月10日为中华民国第一个国庆纪念日，纪念事项包括追祭先烈。北京政府原拟就天坛地址，组织纪念会场。后因地方辽阔，整饬不易，

---

[1] 赵尔巽主编《清史稿》，卷八十三，志五十七，礼一（吉礼一）（北京：中华书局，1978年，下同）：2484页。

于是仅就坛中祈年殿建设祭坛，为致祭革命诸先烈之所。[1] 祈年殿设中华民国死事诸烈士灵位（图1-1），陈设香花酒果，由内务部礼俗司拟定了排班、奏乐、献花果、读祭文、行三鞠躬礼、奏乐和散班等七条礼节。原拟请大总统亲临致祭，国务员陪祭，其他各团体及诸烈士家属俟大总统追祭后准时入内致祭[2]，然而实际上致祭是由总理赵秉钧代表，袁世凯并未亲临。[3] 辛亥革命之后，袁在群龙无首的局面下受到拥戴而任大总统，乃是由于他在前清政府中的改革经历与他在当时中国政坛上所具有的军事实力，而并非由于他对革命的支持。此时他的缺席就显示出他对于革命者的态度。

图1-1 "会员追祭诸烈士后之摄影"。图片来源：《东方杂志》，第9卷，第6号，1912年11月。

1913年，民国政府曾划天坛外坛为林艺试验场，以后又建传染病院飞防疫处（原文）、电台于神乐署。[4] 不过天坛在中国历史上的重要象征性并未被遗忘。同年7月祈年殿成为中华民国第一届国会的宪法

---

1 高劳："中华民国第一届国庆纪事"，《东方杂志》，第9卷，第6号，1912年12月：5-10页。又：1912年国庆日前夕，内政部曾通咨各部院衙门将追祭地点由天坛改为琉璃厂共和纪念会所（见《政府公报》，161号，1912年10月8日），但结果证明该令并未得到遵行。
2 "国庆日追祭诸烈士礼节"，《盛京时报》，1912年10月12日。
3 高劳："中华民国第一届国庆纪事"，《东方杂志》，第9卷，第6号，1912年12月：5-10页。
4 "天坛历史文化"，《艺龙旅行网》，http://trip.elong.com/tiantan/lishi/。

图1-2 《天坛宪法草案》起草会会员合影，1913年。图片来源：B. L. Putnam Weale, The Fight for the Republic in China, New York, 1917. 转引自Ernest P. Young, The Presidency of Yuan Shikai: Liberalism and Dictatorship in Early Republican China（Ann Arbor: The University of Michigan Press, 1977）：无页码、图号。

起草委员会的办公会所（图1-2），因此最初的《中华民国宪法草案》又被称为"天坛宪法草案"。草案在1923年经宪法会议三读通过，同年国庆日公布。中华邮政总局曾为此发行了以祈年殿为图案的"宪法纪念邮票"作为纪念。[1]

作为其新礼制建设的一个重要部分，1914年12月20日，袁世凯下令正式恢复前清的祀天制度。他说："改革以来，群言聚讼，辄谓尊天为帝制所从出，郊祀非民国所宜存。告朔饩羊，并亡其礼，是泥天下为公之旨，而忘上帝临汝之诚……古之莅民者，称天而治，正以监观之有赫，示临保之无私，尤与民之精神隐相翕合。"根据内务部的呈文，袁世凯命令："本年十二月二十三日为冬至令节，应举行祀天典礼。"届时"本大总统敬率百官，代表国民亲诣行礼。各地方行政长官，代表地方人民，于其治所致祭。"[2] 1914年12月23日的清晨，袁世凯身着传统祭服率众多官员一起在天坛圜丘举行了祀天典礼（图1-3）。

---

1 见马润生遗著，马任全译纂《马氏国邮图鉴》（上海：Shun Chang & Co., 1947年），图154。
2 经世文社编《民国经世文编》第39册（北京：北京图书馆出版社，2006年）：48页。

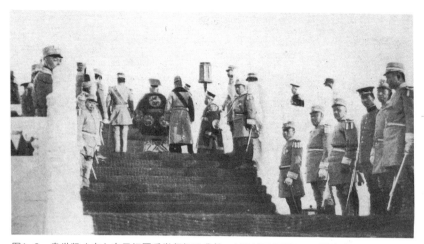

图1-3 袁世凯（中）在天坛圜丘举行祀天典礼，1914年12月23日。图片来源："President Yuan（central figure）during a period of the ceremony on the Altar of Heaven." *Chinese Recorder*（教务杂志），vol. XLVI，no.10，Oct. 1915：无页码。

不过，这次祭天是民国历史上的第一次，也是中国历史上的最后一次。随着1916年袁世凯称帝的失败，伴随中国各代王朝长达3000余年之久的祭天仪式连同祭天场所都变成了历史。1917年7月1日，张勋扶持废帝溥仪复位，部队驻扎天坛，遭到"讨逆军"吴佩孚、冯玉祥部围攻，至同月12日张勋败走，天坛几成战场。战事平息后，内务部将天坛辟为公园，1918年元旦正式开放。天坛于是从中国最神圣的礼制建筑转变为民众游嬉的场所。不过其后军阀混战，天坛各处仍多有驻兵。1929年1月，管理人员报告"天坛驻军虽遵照命令停止砍伐树木，但为取暖及炊事，驻军竟扒拆墙垣，取墙上垣木烧火，使坛墙损毁多处。驻军还乱占殿堂，所有殿宇亭庙悉为军队占驻，名胜古迹尽成军营，文物雕刻摧残殆尽。"1934年国民政府军事委员会委员长蒋介石到北平，目睹各坛庙现状，曾感慨道："查平市各坛庙，均属具有悠久历史之伟大建筑，足以代表东方文化。此次抵平，就闻见所及，此项建筑多失旧观，长此以往，恐将沦为榛莽，至深惋惜。

现各坛庙悉由内政部属北平坛庙管理所保管,考其以往情形,腐败不堪,殊未周妥,而地方政府不负管理之责,诚属非是。"于是他建议"所有平市各坛庙及天然博物院以拨归北平市政府负责管理为妥。"此议经中央政治会议、国民政府及行政院会议通过,1935年,内政部坛庙管理所更名为北平特别市政府坛庙管理事务所,天坛分设管理员驻坛管理。[1]同年,旧都文物整理委员会成立,直隶行政院,下设旧都文物整理实施事务处(简称文整处),由市长和工务局长分别兼任正副处长,负责古建筑保护与修缮工程的设计和施工事宜,并聘请中国营造学社朱启钤及梁思成、刘敦桢等专家为顾问,技术方面还委托了著名建筑师杨廷宝。[2]包括天坛在内的一些北平古建筑终于避免了"沦为榛莽"的厄运。

2. 孔庙

清代重要的祀典还包括历代帝王庙、传心殿(正中祀皇师伏羲、神农、轩辕,帝师尧、舜,王师禹、汤、文、武,南向;东周公,西孔子)、先师孔子、元圣周公、关圣帝君、文昌帝君,此外还祭纛祀砲,京师群祀,直省祭厉。[3]这些祀典在民国时期大都被废止,但孔子和关帝还继续受到崇奉,同时岳飞也被增祀。

据《清史稿》,"世祖定中原,以京师国子监为大学,立文庙。制方,南向……大成殿七楹,陛三出,两庑各十九楹……光绪三十二年(1906年)升为大祀……三十四年(1908年),定文庙九楹三阶五陛制。"[4]

---

1 见袁兆晖:"民国时期的'内坛外园制'",《紫禁城》,1999年第1期:19-21页。"天坛作为公园对外开放",《北京青年旅行社股份有限公司》网,http://www.trip8848.com/bjy/tt/4609.php。
2 梁思成:"北平文物必须整理与保护",1948年,《梁思成全集(四)》(北京:中国建筑工业出版社,2001年):307-313页。
3 详见赵尔巽主编《清史稿》卷八十四,志五十九,礼三(吉礼三):2525-2551页。
4 赵尔巽主编《清史稿》,卷八十四,志五十九,礼三(吉礼三):2532-2538页。另参见:"文庙修工大臣等会奏文庙工程办法摺",《东方杂志》,第5卷,第12期:153页。

除祀孔子外，文庙还祀颜子、曾子、子思、孟子等"四配"，闵子骞等"十哲"，澹台灭明至周敦颐、二程、邵雍、朱熹等六十九位"先贤"，公羊高、董仲舒、韩愈、司马光、欧阳修、陆九渊、王守仁等二十八位"先儒"。后并祀者及其位次不断有所增加和调整。阙里文庙，"[雍正]八年，庙成，黄瓦画栋，悉仿宫殿制"。[1]

民国建立以后，中国社会和政府对于孔子的态度一直处于矛盾之中。一方面社会的发展要求打破传统伦理道德的束缚，另一方面，维系国家的统一和稳定又要求社会具有一个历史久远、基础广泛的信仰和礼乐体系。孔子和儒学于是成为人们关于中国现代国家建设一个争论的焦点。

1912年9月20日，袁世凯下令"尊崇伦常"，他说："中华立国以孝悌忠信礼义廉耻为人道之大经。政体虽更，民彝无改"，"惟愿全国人民恪守礼法，共济时艰……本大总统痛时局之阽危，怵纪纲之废弛，每念今日大患，尚不在国势而在人心。苟人心有向善之机，即国本有底安之理。"1913年2月，他又以大总统身份通令全国，称"孔子之道，如日月经天，江河行地，树万世师表，亘百代而常新……溯二千年历史相沿，率循孔道，奉为至圣；现值新邦肇造，允宜益致尊崇。"1914年2月7日，他再发大总统令："崇祀孔子乃因袭历代之旧典，议以夏时春秋两丁为祀孔之日，仍从大祀，其礼节服制祭品与祭天一律，京师文庙应由大总统主祭，各地方文庙应由该长官主祭。"[2] 同月20日，袁又颁布了《崇圣典例》。[3]

袁世凯在1914年5月1日废除了《临时约法》。9月25日发布《亲临祀孔典令》，称"政体虽取革新，而礼俗要保守。"[4] 并于9月28日

---

1 赵尔巽主编《清史稿》，卷八十四，志五十九，礼三（吉礼三）：2539—2540页。
2 中国第二历史档案馆《中华民国档案资料汇编（第3辑）》（南京：江苏古籍出版社，1991年）：6页。
3 《崇圣典例》，商务印书馆编译所编辑《法令大全》（上海：商务印书馆，1924年）：1504页。
4 中国第二历史档案馆《中华民国档案资料汇编（第3辑）》（南京：江苏古籍出版社，1991年）：11页。

(仲秋上丁),统率文武百官亲至孔庙,身着古祭服,以中华民国大总统的身份对孔圣牌位行三跪九叩之礼。孔子在民国重新升为大祀。全国各省也都在省会文庙举行了隆重的祀孔大典(图1–4)。这是民国以来第一次全国规模的祀孔活动。[1]

图1–4　天津文庙祀孔演礼。图片来源:《东方杂志》,第11卷,第4号,1914年10月。

在1916年兴起的新文化运动中,孔子在现代中国的意义成为新旧两派争论的一个焦点。该年8月,保皇党魁康有为到徐州与张勋共谋复辟。作为舆论宣传的一部分,9月5日他致电段祺瑞:"汉唐宋初,业经大乱俗败,皆以孔教复而郅治。今国体虽异,人道岂殊?而人心坏极,岂政法所及。治人非天不生,非教不立,故敬上帝,拜教主,文明国之公礼。"[2] 而新文化运动的主将之一李大钊则在3个月后指出:"孔子者,历代帝王专制之护符也。宪法者,现代国民

---

[1] 参见宋淑玉:"民初尊孔读经问题辨析",《安徽大学学报(哲学社会科学版)》,第29卷第2期,2005年3月:127–132页。
[2] "公电",《政府公报》,第246号,1916年9月9日。

自由之证券也。专制不能容于自由,即孔子不当存于宪法。"¹另一位主将陈独秀也强调说:民主共和重在平等精神,孔教重在尊卑等级,"若一方面既然承认共和国体,一方面又要保存孔教,理论上实在是不通,事实上实在是做不到。"²

早在1912年2月8日,时任南京民国临时政府教育总长的蔡元培就在《教育杂志》上发表"对于新教育之意见",提出"忠君与共和政体不合,尊孔与自由思想相违"。1927年4月,国民党定都南京,标志着南京国民政府的建立。1928年2月18日,蔡元培又以中华民国大学院院长名义发布《废止春秋祀孔旧典》的通令。通令说:"查我国旧制,每届春秋上丁,例有祀孔之举。孔子生于周代,布衣讲学,其人格学问,自为后世所推崇。惟因尊王忠君一点,历代专制帝王,资为师表,祀以太牢,用以牢笼士子,实与现代思想自由原则及本党主义,大相悖谬。若不亟行废止,何以足昭示国民。为此,令仰该厅、校、局长,转饬所属,着将春秋祀孔旧典,一律废止,勿违。"³但同年10月6日蔡因其教育行政计划不获支持而辞职,24日,大学院也被裁撤,教育部恢复。此时国民政府已经北伐成功,全国"军政"时期结束,"训政"时期开始,国民党也从政权的争夺者变成为政权的维护者。11月17日,南京国民政府教育部训令各省市教育厅、局:孔子诞辰日为阳历8月27日,定纪念仪式,通告全国各学校一体遵照,并于是日举行纪念时,演述孔子言行事迹,以示不忘。

1932年4月,蒋介石对中央政治学校学员所作的演说《人格与革命》中,提出除了"亲爱精诚"四字以外,尚要加上春秋时代管子提出的"国之四维",即礼义廉耻四种品格,方能"挽救堕落的民德和人心"、"改造革命的环境"、"确定我们革命的基础"。1934年初,国

---

1 "孔子与宪法",《甲寅》日刊,1917年1月30日。
2 陈独秀:"旧思想与国体问题",《新青年》,第3卷,第3号,1917年5月1日。
3 蔡元培:"废止春秋祀孔旧典的通令",1928年2月18日,《大学院公报》,第1年第3期,1928年3月。

民党刚刚敉平主张抗日反蒋的"福建事变",继而又展开了对于共产党红军的第五次围剿。2月17日,蒋在南昌调查设计会演说《新生活运动发凡》。新生活运动的目的是建立一个有组织、有纪律和有效率的社会,而"四维八德",即"礼义廉耻"和孙中山所提倡的"忠孝仁爱信义和平"八种中国"固有道德"就是新生活运动所提倡的核心理念。在这个背景下,作为中国传统礼制代表人物的孔子又获得了国民政府的尊崇。

1933年广东省主席陈济棠就曾提议恢复对孔子和关、岳的祀典。[1] 1934年7月5日,南京国民政府第四届中央执行委员会第128次常务会议通过了蒋介石、戴传贤、汪精卫、叶楚伧所提出的"以8月27日为先师孔子诞辰纪念日"的议案,并于7月18日公布了《先师孔子诞辰纪念办法》。《办法》规定每年8月27日为孔子诞辰纪念日,全国休假一天,全国各界一律悬旗志庆。党政军警机关、各学校、各团体分别集会纪念,并由各地高级机关召开各界纪念大会。宣传要点包括:讲述孔子生平事略;讲述孔子学说;讲述孙中山革命思想与孔子之关系。[2]

议案的发起人之一戴传贤为国民政府考试院院长,素以尊孔并用孔子思想解释孙中山的"三民主义"闻名,他还是民国时期"制礼作乐"的核心人物。[3] 考试院所在地即为明代文庙。[4] 1933年戴曾在院明志楼前建问礼亭,翌年1月将两年前得自洛阳的南齐"孔子问礼图"石刻镶于其中。[5] 1933年秋作为前校长的戴还曾与广州中山大学师生向南京中山陵捐赠一座"孝经鼎",外铸"智、仁、勇"三字,即孔子所提倡的三德,内竖刻有戴母黄氏手书《孝经》全文的六角形铜碑。除此之外,他还在1931年对募修孔林发表了意见,

---

[1] "陈济棠提议恢复对孔子和关、岳的祀典",《申报》,1933年12月12日。
[2] 孔凡岭:"南京政府首次纪念孔子诞辰纪实",《春秋》,2000年1期:21-24页。
[3] 陆宝千:"戴季陶先生的未竟之业——制礼作乐",朱汇森主编《戴传贤与近代中国》(台北:国史馆,1989年):87-100页。
[4] 朱偰《金陵古迹图考》(上海:商务印书馆,1936年;北京:中华书局,2006年):208页。
[5] 陈天锡《戴季陶先生的生平》(台北:商务印书馆,1968年):536-537页。

并电请捐款重修孔庙。称修复孔庙"诚民国一大要事",孔孟"两家之存在,实为中国民族莫大之光荣"。[1]

1934年8月23日,国民党中央第135次常委会议决,"本年为第一次举行先师孔子诞辰纪念"。8月27日,曲阜、南京、广州、北平、汉口、天津、上海等许多城市都举行了隆重的祭祀典礼。其中曲阜依古礼在孔庙大成殿中陈设了全羊、全牛、全猪三牲和商周青铜器十供,还有乐舞生64人在月台上表演八佾之舞。南京国民党中央和国民政府的纪念仪式在中央大礼堂举行,孔子像被摆在了孙中山遗像之前,国民政府行政院院长汪精卫发表演说(图1-5)。北京的祭孔盛典则是在孔庙大成殿举行。[2] 11月24日,国民党中央执行委员会又明令颁发《孔子纪念歌》,该令称:"《礼记·礼运》篇'天

图1-5 南京举行孔子诞辰纪念。汪精卫演说孔道。图片来源:良友图书公司编辑《中国现象:九一八以后之中国画史》(上海:良友印刷公司,1935年):183页。

---

1 "戴刘对募修孔林意见"、"戴传贤等电请捐款重修孔庙",《申报》,1931年4月17日、27日。
2 孔凡岭:"南京政府首次纪念孔子诞辰纪实",《春秋》,2000年1期,21-24页;良友图书公司编辑《中国现象:九·一八以后之中国画史》(上海:良友印刷公司发行,1935年):182-183页。(按:该书将此次祭孔时间写作8月23日,当误。)

下为公'一段,最合人类社会思想,其伟大纪念含义,实为三民主义之基础,若采为孔子纪念歌,似属佳制天成。该段文字经于委员右任提议采用,定为'天下为公'歌,由国立音乐专门学校制印。"[1]

孔教受到提倡之时,对孔子圣地曲阜建筑的修葺也获得了更高的重视。孔子故里曾经中国历代王朝不断整修和扩建,但在近代却因战乱和失修而受到破坏。1930年6月,在蒋(介石)冯(玉祥)阎(锡山)中原大战曲阜战役中,中央军据城以守,晋军藉孔林为遮蔽,炮轰曲阜,导致颜庙焚毁过半,幸运的是,孔庙本身"受伤无多",而孔林因建筑不多,"其破毁情形亦不太甚"。不过由于失修而造成的瓦漏椽朽、檐破梁裂却是随处可见。[2]1931年后国民政府曾议决拨款修复曲阜孔庙[3],孔庙及颜庙也曾经地方当局部分修葺,但全部普遍重修在1935年2月之前并未实现。1934年1月,山东省政府主席韩复榘提议修复孔庙,并在济南设修复孔庙筹备委员会。新生活运动正式发起后的5月,国民政府再拨款十万元,蒋介石本人也捐款五万元,"以示提倡"。[4]

正是在这一背景下,1935年,中国营造学社梁思成奉教育、内政两部命令,赴曲阜勘察孔庙修葺工程。他于2月18日到达曲阜,先拜访了孔子的第77代后人,当时年仅14岁的"大成至圣先师奉祀官",也即孔子的嫡传后裔、1935年1月以前被称为"衍圣公"的孔德成(达生)(图1-6),然后"趋

图1-6 孔子七十七代孙孔德成(即世袭之衍圣公)。图片来源:良友图书公司编辑《中国现象:九一八以后之中国画史》(上海:良友印刷公司,1935年):183页。

---

1 《中华民国史档案资料汇编(第5辑)》(南京:江苏古籍出版社,1994年):531页。
2 梁思成:"曲阜孔庙之建筑及其修葺计划",《中国营造学社汇刊》,第6卷,第1期,1935年;《梁思成全集(三)》(北京:中国建筑工业出版社,2007年),31-55页。
3 "国府议决拨款修复曲阜孔庙",《申报》,1931年4月22日。
4 鲁迅《算账》注,《儒学联合论坛》,2008年9月30日,http://www.yuandao.com/dispbbs.asp?boardID=9&ID=31793&page=3)

诣大成殿，参谒圣容"，之后才开始了视察工作。7月，他拟就"曲阜孔庙之建筑及其修葺计划"，并作工料价预估呈请政府审核。[1]

3. 关岳庙

关羽在清代不仅被视为一个社会的道德典范，还被视作国祚的保护神。他在顺治九年（1652年）被敕封为"忠义神武关圣大帝"。随着19世纪以后中国内忧外患不断加深，清王朝对他的期盼也不断提高。如嘉庆十八年（1813年），林清领导的天理会教徒攻打紫禁城失败，被视为关羽"灵显翊卫"，嘉庆帝遂"命皇子报祀如仪，加封仁勇。"此后，鸦片战争、太平天国起义相继爆发，关羽也在"道光（1821~1850年）中，加威显。咸丰二年（1852年），加护国。明年，加保民。于是跻列中祀……如帝王庙仪。"[2]

清朝祭祀关羽始于占领中原之前。及"世祖入关，复建庙地安门外，岁以五月十三日致祭……（乾隆三十三年，1768年）殿及大门，易绿瓦为黄。"[3]据《钦定大清会典》，关帝庙南向，庙门一间，左右门各一，正门三间，前殿三间，殿外御碑亭二，东西庑各三间。庑北斋堂各三间，后殿五间。正殿覆黄琉璃瓦，余均筒瓦。[4]

关羽祭祀在民国得到延续。同时，象征着抵御外族侵略、精忠报国的民族英雄岳飞也获得官方的崇奉而被增祀。他们成为了新政权的保护神。地安门外的清关帝庙至民初当已不存。故1914年北洋政府将位于鼓楼西、1899年建成的醇贤亲王庙改为关岳庙。[5]醇贤亲王即道光帝第七子、光绪帝生父、宣统帝之祖父奕譞（1840~1891年）。

---

1 梁思成："曲阜孔庙之建筑及其修葺计划"，《中国营造学社汇刊》，第6卷，第1期，1935年；《梁思成全集（三）》（北京：中国建筑工业出版社，2007年）：31-55页。
2 赵尔巽主编《清史稿》，卷八十四，志五十九，礼三（吉礼三）：2541页。
3 同上。
4 《钦定大清会典》，卷五十八：16页。
5 "京内外各地改建关岳庙有关文书"，1915年3至8月；"政事堂礼制馆拟定关岳庙祭礼附说明书及呈文"，1915年，中国第二历史档案馆档案：一〇〇三（05487）、（233）。

据《清史稿》，其庙"正殿七楹，东西庑殿，后寝室，各五楹。中三门……大门三。殿宇正门中覆黄琉璃，殿脊及门四周上覆绿琉璃。"[1] 改后的关岳庙殿内正位左奉"关壮穆侯"关羽，右奉"岳忠武王"岳飞。两序奉历代忠武将士。[2]伴随着岳飞的增祀，杭州岳坟在1920年也被修复。[3]1917年3月22日总统黎元洪还曾令派海军总长程璧光在27日（春戊）合祀关岳之期恭代行礼[4]，然而，尽管辛亥以来关岳崇奉有所提高，且至1923年，报纸上仍有关于祭祀关岳的报道。[5]但社会对二者的重视程度依然远不如孔子。杭州西湖岳王庙在1929年的西湖博览会期间被用作展示外国产品的"参考陈列所"（图1-7）。[6]至1935年，北平关岳庙也已名存实亡，庙址被大成中学借用。[7]南京武庙也在国民政府成立后被考试院占用。[8]

二、祠

民国政府从前清继承的第二类礼制建筑是祠。如果说上述的坛庙

---

1. 赵尔巽主编《清史稿》，卷八十四，志五十九，礼五（吉礼五）：2588页。
2. 《关岳合祀典礼乐谱》，1915年3月25日颁布。见商务印书馆编译所编辑《法令大全》（上海：商务印书馆，1924年）：1505-1512页。
3. 参见"西湖岳坟改建墓道"，"修复岳飞墓已动工"，"重修岳陵事务所修建西湖岳王坟庙工程包揽投标广告"，"杭州举行岳陵落成典礼"，"致祭岳坟之盛况"，《申报》，1919年7月21日、9月21日，1920年1月3日，1923年4月2日，1923年4月5日。
4. "大总统令"，《政府公报》，第430号，1917年3月23日。
5. "杭州举行岳陵落成典礼"，"致祭岳坟之盛况"，"昨日合祀关岳记"，《申报》，1923年4月2日、5日、6日。
6. 西湖博览会编《西湖博览会参观必携》（上海：商务印书馆，1929年）。
7. 汤用彬、彭一卣、陈声聪编著《旧都文物略》（1935年初版，北京：书目文献出版社，1986年再版，下同），53页。原民国关岳庙现在北京市西城区鼓楼西大街149号，1950年用于西藏达赖喇嘛驻京办事处，后被西藏自治区人民政府驻京办事处使用至今，不对参观者开放。民国期间，还有一些前清的礼制建筑被废祀．如据同书，太庙，"民国十三年，曾改为和平公园。十七年，仍由故宫博物院收回管理，作为分院，废除园名，但仍开放供游览。"（48页）帝王庙，"今晨设简易师范学校于此，非复旧观矣。"（52页）都城隍庙，"庙前街道宽宏，想见昔日庙市繁盛，今则门前荒落，仅庙内警察分驻所借住。"（53页）
8. 朱偰《金陵古迹图考》（上海：商务印书馆，1936年；北京：中华书局，2006年）：211页。

图1-7 杭州西湖岳王庙在1929年的西湖博览会期间被用作展示外国产品的"参考陈列所"。图片来源：西湖博览会编《西湖博览会参观必携》（上海：商务印书馆，1929年）：无页码。

供奉的是神或神化了的人，祠则是为了祭祀那些受到国家和社会褒扬的个人。如同庙的祭祀礼仪，祠祭也是祭祀者（或祭祀者代表）与被祭祀对象的一种交流。它强调祭祀者的参与，即通过庄重的仪式和刻意准备的祭物表达对于被祭祀对象的虔敬，同时也显示祭祀者与被祭祀对象的特殊关联。所不同的是，坛庙借助宏伟的建筑和隆重的礼仪展现某种崇拜，而祠则不拘规模，强调的是纪念，即为了使时间上已经成为过去的个人转变为空间性的永久存在。

1. 忠烈祠

清代吉礼第三等为群祀，其中有昭忠祠、功臣专祠，以及贤良祠。

据《清史稿》，昭忠祠为雍正二年（1724年）奉谕所建。"谕曰：'《周礼》有司勋之官，凡有功者，书名太常，祭于大烝。《祭法》，'以死勤事则祀之'。于以崇德报功，风厉忠节。自太祖创业后，将帅之臣，守土之官，没身捍国，良可嘉悯。允宜立祠京兆，世世血食。其偏裨士卒殉难者，亦附祀左右。褒崇表阐，俾远近观听，勃然可生忠义之心，并为立传垂永久。'于是建祠崇文门内，岁春、秋仲月，诹吉，遣官致祭……六年（1728年），祠成，命曰'昭忠'，颁御书额，曰'表奖忠勋'。"[1]对于功臣专祠，凡在京师者，同样是在春、秋仲月吉日，遣太常卿分往致祭。其在各省者，则在春、秋由守土官致祭。"兹纪其勋劳最著者"。[2]《清史稿》中所列京师及各地功臣专祠不下数百，其中道光间虎门祀关天培暨陈连升（1775~1841年）父子，宝山祀陈化成（1776~1842年）；咸丰间苏州祀林则徐（1785~1850年），湖广、安庆祀胡林翼（1812~1861年）；同治间江宁（今南京）、湖南、湖北、安徽、直隶祀曾国藩（1811~1872年），后复与曾国荃（1824~1890年）合祀开封；光绪间江宁祀左宗棠（1812~1885年），广西祀岑毓英（1829~1889年），山东祀李鸿章（1823~1901年），江宁祀陶澍（1779~1839年）、林则徐；宣统时武昌祀张之洞（1837~1909年）。[3]此外，清帝还特许在京师为李鸿章建祠，该祠也是有清一代，汉员在京的唯一专祠。[4]

辛亥革命成功后，对有功者稽勋赏恤成为新政府义不容辞的责任，为此成立了"临时稽勋局"专门负责调查、审议国内外革命党人功业，呈请政府褒奖或抚恤，以为崇德报功和养生恤死。如何对待前朝勋臣

---

1 赵尔巽主编《清史稿》，卷八十七，志六十二，礼六（吉礼六）：2595–2596页。

2 同上：2605页。

3 同上，2606–2608页。又：陶澍、林则徐祠即陶林二公祠，原位于南京长江东街4号，占地面积约1000平方米。1992年被定为南京市级文物保护单位。时外观破旧，惟整体形制保存尚好。2001年南京市决定将其迁至总统府，易地重建。2008年由东南大学张十庆教授主持完成。整体坐北朝南，形制为二进三开间。武昌张之洞祠即抱冰堂，现在珞珈山首义公园内。

4 汤用彬、彭一卣、陈声聪编著《旧都文物略》：143页。

和如何纪念民国先烈也是新政府需要面对的一个重要问题。政府曾考虑改旧为新。如1912年5月26日《盛京时报》曾报道，"昨闻政界人云，中央政府日前已派专员来东调查前清忠烈祠宇，以备拆毁，改建为民国诸先烈之专祠，该调查员业已到奉多日，刻正从事调查，一俟将东三省调查完竣，即报由临时稽勋局酌量核办云。"[1] 1912年杭州将清万寿宫改为"南京阵亡将士祠"[2]，1914年湖北将武昌张之洞祠"抱冰堂"的祀产移交汉口慈善会。[3] 至1930年，国民政府还有将曾国藩、左宗棠、李鸿章三祠收归公有，南京灵谷寺改建烈士祠之举。[4] 袁世凯曾试图采取折中的办法，即对前代勋臣和民国烈士分别祭祀。他在1913年11月2日电令各省民政长："各就该省所有各祠切实调查，除由家属捐资建筑及忠裔所置祠产应归私人享有者悉予给还外，其有为国家及地方公帑所营构者，应仿日本神社之例，酌留两祠，分别前代勋臣、民国烈士为位合祀，余悉拨充公用。"[5] 但他"仿日本神社"建祠的想法似乎并未得到遵行。民国初期较为著名的祠堂均为专祠。

民国建立后最早为先烈所建的专祠当是南京的杨卓林（1876~1907年）、郑先声（1865~1901年）等烈士的专祠。1912年3月，南京临时政府陆军部呈请没收南京太平门外玄武湖清官吏两江总督端方私宅，建专祠祀杨、郑两烈士，并附祀吴樾（1878~1905年）、熊成基（1887~1910年）、陈天华（1875~1905年）、杨守仁（1872~1911年）

---

[1] "拆毁前清忠烈祠之先声"，《盛京时报》，1912年5月26日。
[2] "杭州西湖之'浙江忠烈祠'楹联选"，2009年4月18日，http://blog.lnd.com.cn/thread-1547395-1-1.html。
[3] "湖北武昌抱冰堂的祀产移交汉口慈善会接管有关文书及清册"，1914年3月至1922年7月，中国第二历史档案馆档案：一○○三（04917）。
[4] "曾左李三祠将归公有"，《申报》，1930年4月27日；"灵谷寺改建烈士祠"，《申报》，1930年5月9日。感谢闵晶女士代为查找这两篇文献。另据朱偰《金陵古迹图考》，南京曾文正公祠有二，国民政府时期，一为蒙藏委员会所在地，一为学校；而李鸿章祠为小学。此外，刘坤一祠在1935年拆毁。还有许多名人祠存废不一。见朱偰《金陵古迹图考》（上海：商务印书馆，1936年；北京：中华书局，2006年）：213-215页。
[5] "内政部训令"，第906号，《政府公报》，第567号，1913年12月1日。

四烈士。杨、郑因策划革命而牺牲,吴因谋炸端方等五大臣而殉难,熊因谋刺清廷考察海军大臣载洵而被害,陈天华、杨守仁则为革命宣传家,先后蹈海殉志。1912年3月6日,孙中山以临时大总统名义,下批准令云:"按民国缔造之功,匪一手足之烈,睹兹灿烂之国徽,尽系淋漓之血迹。以上诸烈士,或谋未遂而身赴西市,或难未发而瘐死囹圄,或奋铁弹之一击,或举义旗于万夫,或声嘶去国之吟,或身继蹈海之烈,死事既属同撰,庙食允宜共飨。"[1]

同于1912年建立的辛亥烈士专祠还有绍兴的徐公(锡麟)祠。该祠同样是一个改旧为新的实例。徐(1873~1907年)为光复会成员,任安徽陆军小学监督、巡警学堂监督。1907年7月6日刺杀安徽巡抚恩铭后被俘惨死。1912年,浙江同乡将其遗骸归葬西湖。随后,其原籍绍兴的弟子们在当地成立徐社并建专祠以为纪念,附祀与徐同时赴难的弟子陈复汉、马宗汉。徐公祠在绍城下大路至大寺前。祠旧为清咸丰年间死于太平天国之役的知府廖宗元的专祠。祠产田67亩同时归入徐社,为祭祀之资。[2] 1912年6月10日,徐、陈、马的神主入祠,同时入祠的还有徐锡麟的遗像、亲手制作的地球仪、编著的教科书、击毙恩铭的手枪和他惨遭杀害时的血衣。时任绍兴军政府知事的俞景朗撰挽联以祭:"烈胆警同胞,二千年皖水捐躯,直比荆卿剑、博浪椎,一样大名垂宇宙;英魂归故里,倘异日蠡城话旧,应与越王祠、武肃庙,千秋浩气壮河山。"[3] 1920年蔡元培还曾为徐祠撰写碑记。他说:"余以为崇乡邦之典型,昭先烈之勋劳,尤宜广采烈士遗墨,及其日用衣服、图书,置诸祠舍,使来展拜者得以反复观览,有足启迪

---

[1] "革命巨子郑先声",《三湘统战网》,2011年6月2日,http://www.hnswtzb.org/News.aspx?ArticleId=40537。

[2] 蔡元培:"徐烈士祠堂碑记",1920年10月10日//中国蔡元培研究会编《蔡元培全集(四)》(杭州:浙江教育出版社,1997年):198页。另见:裘士雄:"新中国成立前绍兴人民对皖浙起义死难烈士的纪念与研究",《辛亥革命网》,2011年03月19日。

[3] 劳求:"民元的恭送三烈士入祠活动",《绍兴文理学院报(网络版)》,2010年3月25日,http://www.suhf.cn/xb/news.asp?id=18606。

其心志，不徒以神道偶像目之，且不以崇德报功为慰先灵而止。则天下豪杰之士，其钦恭感奋又何如哉！"[1]蔡元培的话代表了一种新的祠堂理念，即它不仅仅再是一个祭祀的场所，而应该是一个博物馆，它使瞻拜者在瞻拜英烈的同时，还可以在情感上和心智上获得熏陶和启迪。这一理念在后来诸多名人故居的保护中得到进一步实现。

民国建立以后，还有许多人士仍依循历史传统，提出过许多为先烈建立专祠的建议。如1913年4月郭宝恕等发起请拨官地为辛亥革命吴禄贞（1880~1911年）、宋教仁（1882~1913年）等建祠纪念[2]，1913年5月南京光复之役江浙联军司令部参谋长陶骏葆之兄、津浦路南段局长陶逊等呈请袁世凯为黄花岗起义的总指挥、后因病逝世于广州的赵声（1881~1911年）建立专祠。[3]1917年云南督军请为辛亥革命过程中为云、贵、川军政府的成立立下大功的黄毓英建立专祠。[4]同年陆军总长段祺瑞也曾呈核议烈士彭家珍（1887~1912年）建立专祠，请照准以资褒扬。该呈在1917年4月3日获大总统黎元洪批准办理。[5]1923年初，蔡锷的专祠也被迁设北京。[6]民国专祠的设立还扩展至清末的改革者。如1913年湖南省代督军兼民政长刘人熙呈请民国政府褒扬谭嗣同，大总统袁世凯和内阁总理唐绍仪随后颁布褒扬令，谭烈士专祠便于同年秋在谭的家乡浏阳落成。[7]

为个人设立专祠的做法约在南京国民政府成立后停止，取而代之的是纪念碑和群祀性质的忠烈祠。如1928年曾有绍兴籍光复会会员王世裕等呈请为秋瑾（1875~1907年）烈士建祠筑亭请求拨款提倡，

---

1 蔡元培："徐烈士祠堂碑记"，1920年10月10日，《蔡元培全集（四）》：198页。
2 "郭宝恕等发起请拨官地为辛亥革命吴禄贞、宋教仁等建祠纪念有关文件"，1913年4-5月，中国第二历史档案馆档案：一〇〇三（01877）。
3 "临时稽勋局批　原具呈人陶逊等"，《政府公报》，第363号，1913年5月11日。
4 "内务部咨呈国务院准函交云南督军请为故少将黄毓英建立专祠一案，自可照准，覆请查照文"，1917年2月27日，《政府公报》，第415号，1917年3月8日。
5 "大总统指令第593号"，《政府公报》，第442号，1917年4月4日。
6 "蔡松坡专祠迁设北京"，1923年1月17日。
7 王晓利："浏阳文心"，《寻根》，2003年5期：79-86页。

图1-8 建筑师待考：鉴湖女侠祠，地点待考，时间待考。图片来源：中华书局上海编辑所编辑《秋瑾史迹》（北京：中华书局，1958年）：7页。

此举曾得到同为绍兴籍光复会会员的蔡元培的大力支持（图1-8）。他说："夫民国肇造，赖诸先烈牺牲之功为多，女侠更为女界之第一人，不有表彰，恶足以示来兹。故为弁数言。所望邦之贤哲慕义之士，解囊输将，早观厥成，庶后之人凭吊流连，足以兴其爱国观念，民国人心，益以巩固，予实馨香祝之。"[1]但经饬内政部核议，复称"建筑风雨亭应准照办，其修筑费拟请转令浙江省政府派员会县估定拨款作正开支，惟建祠一节中央已有不立专祠之决议，似应改建纪念碑。"12月15日行政院批准，称"秋烈士瑾身殉党国，侠烈可风，应准照部议建亭树碑以资表扬，仰即传令该省政府派员会县筹办可也。"[2]沈艾娣（Henrietta Harrison）认为，用合祀性质的忠烈祠替代专祠，也就是用效忠于民国的大理想替代个人化的特殊政治目标。[3]

建立合祀性质的忠烈祠的构想始于民国创建之初，并在其后不乏实现者。1912年12月，唐绍仪等先后发起在北京筹设武昌起义先烈纪念祠。[4]民初陆军部也曾通知昭忠祠改为大汉忠烈祠。[5]

---

1 蔡元培："为秋瑾建祠筑亭募捐弁言"（1928年7月），中国蔡元培研文会编《蔡元培全集（一）》（杭州：浙江教育出版社，1997年）：267。
2 "中华民国国民政府指令第344号"，《中华民国国民政府公报》，1928年12月15日。
3 Herietta Harrison. The Making of the Republican Citizen: Political Ceremonies and Political Ceremonies and Symbols in China 1911–1929（Oxford: Oxford University Press, 2000）: 107.
4 "唐绍仪等先后发起在北京筹设武昌起义先烈纪念祠及停建经过有关文件"，1912年12月至1920年9月，中国第二历史档案馆档案：一〇〇三（04990）（已失）。
5 "陆军部通知昭忠祠改为大汉忠烈祠，拟定典礼并改正祭祀日期咨文"，中国第二历史档案馆档案04991，日期不详，推测当在1915年5月之前。另见"忠烈祠祭礼附说明书印本"，"礼制馆撰拟京师忠烈祠追祭乐谱及有关文书"，1915年5月，中国第二历史档案馆档案：一〇〇三（05470）、（05471）。

1922年4月,海军总长请将中日甲午战役死难海军官兵合祀昭忠祠。[1] 1928年北平建筑革命专祠[2];1929年浙江昭忠祠,即原南京阵亡将士祠,被改建为浙江忠烈祠(图1-9)[3],1933年冯玉祥发起建造的泰山烈士祠落成。[4]

图1-9 建筑师待考:浙江忠烈祠,杭州,1929年。图片来源:殷力欣先生收藏。

1937年之前,中国最大的"忠烈祠"当属南京灵谷寺国民革命军阵亡将士公墓祭堂(图1-10a)。公墓由国民党中央党部拨款建筑,1929年开始筹备,1931年春正式开工。所在地位于中山陵东侧的原明灵谷寺旧址,以"昭示追随之忠忱,亘生死而不渝。"[5] 公墓建筑由美国建筑师茂飞(Henry K.Murphy)规划设计[6],1935

---

1 "海军总长请将甲午中日战役死难海军官兵合祀昭忠祠有关文件",1922年4月,中国第二历史档案馆档案:一〇〇三(04988)。
2 "北平建筑革命专祠",《申报》,1928年11月27日。
3 "改建中之浙江忠烈祠"(图片),《时报》,1929年4月8日。
4 "泰山烈士祠定期落成",《申报》,1933年11月30日。
5 都:"阵亡将士公墓落成",《申报》,1935年11月21日。
6 "南京阵亡将士公墓图样全套",《建筑月刊》,第2卷,第2号,1934年2月。另,在中国近代文献中,建筑师Henry K.Murphy的音译有"墨斐"、"麼霏"、"茂菲"和"茂飞"等,但以"茂飞"为多。考虑到《中国建筑》与《建筑月刊》等专业杂志都用"茂飞",且他的事务所"Murpry & Dana, Architects"的中文名为"茂旦洋行",故笔者用"茂飞"而不用今天的标准音译"墨菲",以保持其姓名和事务所名中译的一致性和历史延续性。笔者还以为,茂飞的合伙人Richard Henry Dana, Jr.虽无中文名,但为呼应事务所的中文名,中译也以"旦纳"而不是标准音译的"戴纳"或"丹那"为妥。

图1-10a 茂飞（Henry K.Murphy）：南京阵亡将士公墓祭堂"正义堂"，南京，1929~1935年。图片来源：本文作者摄，2002年。

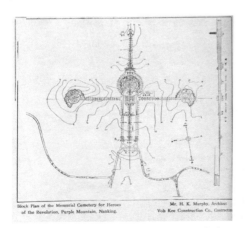

图1-10b 茂飞（Henry K.Murphy）：南京阵亡将士公墓平面图。图片来源：《建筑月刊》，第2卷，第2号，1934年2月。

年11月落成。公墓共分三组，分布于灵谷寺附近的紫金山山坡上（图1-10b）。每一组公墓均由若干平面如梅花瓣的墓地组成，其中埋葬着1926年至1930年国民革命军在北伐统一中国的战争中和1931年至1933年华北抗战与淞沪抗战中牺牲的上千名阵亡将士。公墓的建筑依南北轴线顺序为大门、"大仁大义"

图1-10c 茂飞（Henry K.Murphy）：南京阵亡将士公墓"大仁大义"石坊，南京，1929~1935年。图片来源：本文作者摄，2002年。

石坊、祭堂"正义堂"，（现"无梁殿"）、革命纪念馆和"精忠报国"塔。这一布局引导前来瞻仰的人们先祭悼阵亡将士们的亡灵，然后参观纪念馆中烈士们的遗像和遗物，最后登塔俯瞰公墓的全景。纪念塔内壁上镌由国民党元老于右任和吴敬恒抄写的孙中山在黄埔军校的开学词和北上前在同校的告别辞，目的是"使涉足其中者，得藉浏览而资启发。"所以当时有论者说："阵亡将士公墓之建筑，固将以振顽立懦，发溃来兹，又匪仅安妥英魂垂诸不朽而已。"[1]

阵亡将士公墓的六柱五间十一楼石坊（图1-10c）设计明显仿照了清西陵大石牌楼。牌楼当心间额枋的正反两面分别题刻"大仁大义"和"救国救民"八字。此外，梅花在1929年2月被国民政府定为国花，[2]

---

[1] 都："阵亡将士公墓落成"，《申报》，1935年11月21日。
[2] "国府通令定梅花为徽饰"，《申报》，1929年2月13日。

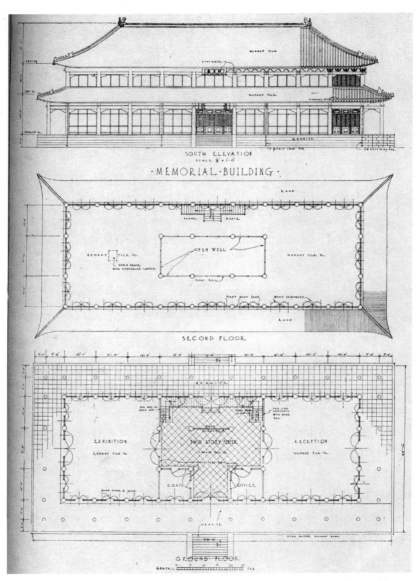

图1-10d 茂飞（Henry K.Murphy）：南京阵亡将士公墓纪念馆设计。图片来源：《建筑月刊》，第2卷，第2号，1934年2月。

其图案和国民党党徽一道,也被镌刻于石坊之上。祭堂名"正气堂",则由原灵谷寺无量殿改造而成。因其为砖石拱券结构,故俗称"无梁殿"。大殿为重檐歇山式,东西长 50 米,南北进深 34 米。中门正对的墙壁上奉有"国民革命烈士之灵位",两侧分别是"总理遗嘱"和"民国国歌"碑刻,四周内壁上嵌有 110 块黑色大理石碑,共刻有 33224 名阵亡将士的姓名、所属部队和军阶。其后的纪念馆东西长 41.7 米,南北宽 19.7 米,采用开间为十一间的重檐庑殿形式

图 1-10e 茂飞(Henry K.Murphy):南京阵亡将士纪念塔,南京,1929~1935 年。图片来源:本文作者摄,2002 年。

(图 1-10d)。这一形制在清代建筑中仅见于紫禁城太和殿和太庙,显示出建筑师有意赋予阵亡将士公墓格外崇高的"等级"。茂飞还加大了重檐之间的空间,从而为室内增加了一层展廊。公墓南北轴线的北部尽端为钢筋混凝土结构的"精忠报国"塔(图 1-10e)。塔高 60 米,其九层八面的楼阁式造型或来源于广州六榕寺花塔。花塔和普陀山一平面呈梅花瓣形墓地的照片以及上述清西陵石牌楼的测绘图都见于德国建筑家鲍希曼(Ernst Boerschmann)的《中国建筑》(Chinesische Architektur, 1925)一书。茂飞的设计极有可能参考了这部著名的图集。[1]

公墓于 1935 年 11 月 20 日举行落成公祭典礼。国民党中央执行委员会委员长蒋介石先至墓前行覆土礼,然后返至祭堂行公祭礼并主

---

[1] 参见拙文:"鲍希曼对中国近代建筑之影响试论",《建筑学报》,2011 年 5 月:94-99 页。

图1-11 王汝良：南岳忠烈祠，湖南衡阳，1940~1943年。图片来源：殷力辛先生摄赠，2011年。

祭。中央执行委员会委员等陪祭；参加者数千人。祭毕之后，又纷至公墓纪念馆、纪念塔等处瞻谒。[1]

　　1937年7月7日，惨烈的抗日战争全面爆发。翌年"双七节"抗战建国周年纪念日，国民党中央党部命令各省党部，于各省、各地普设抗战阵亡将士纪念碑。[2] 1939年1月13日，国民政府内政部又令各省市转饬各地设忠烈祠，凡阵亡将士，一律入祀。[3] 据1942年民国内政部统计，当时全国已有六百多县市设立了忠烈祠，多由旧日关帝庙、武侯祠、城隍庙等改建，附加祭祀。[4] 其中位于湖南衡阳的南岳忠烈祠是现存最大的纪念抗日战争阵亡将士的烈士陵园（图1-11）。由

1　"阵亡将士公墓昨行落成公祭典礼"，《申报》，1935年11月21日。
2　"抗战阵亡将士纪念碑，中央令饬各省普设并定完成日期赶建"，《申报》，1939年2月13日。
3　"内［政］部令各地设忠烈祠"，《申报》，1939年1月14日。
4　参见"忠烈祠"，维基百科，http：//zh.wikipedia.org/wiki/%E5%BF%A0%E7%83%88%E7%A5%A0。按："维基百科"材料并非可靠史料，但限于笔者目前条件，进一步检核不得不留待今后。

湖南省政府及军事当局建造，以"酬庸报功，表彰忠烈"，该祠选址在原南岳延寿庙，[1] 1940年9月10日动工，"七·七事变"六周年纪念日时举行落成典礼。陵园建筑沿东西轴线依山坡由低到高分别为牌楼、广场和广场中央的"七·七"纪念塔、纪念堂、致敬碑亭和顶端的祭堂，全长240米。[2] 与南京阵亡将士公墓不同，南岳忠烈祠的这一空间序列强调了广场的重要性以及"七·七"纪念塔在广场上的视觉中心性。如果说南京阵亡将士公墓的设计适于和平时期人们对已故先烈的祭悼，南岳忠烈祠则更适合即将出征的将士们在同袍英灵的俯瞰下誓师。

2. 功德祠

表彰和纪念贤良也是清代的一项重要吉礼，为此政府专门制定了贤良祠制度。雍正八年诏曰："古之大烝之祭，凡法施于民，以老定国者，皆列祀典，受明禋。我朝开国以后，名臣硕辅，先后相望。或勋垂节钺，或节厉冰霜，既树羽仪，宜隆俎豆。俾世世为臣者，观感奋发，知所慕效。庶明良喜起，副予厚期。京师宜择地建祠，命曰'贤良'，春、秋展祀，永光盛典。"于是，"乃营庙宇在地安门外西偏，正殿、后室各五楹，东、西庑，岁春、秋仲月，诹吉，遣官致祭……明年祠成，颁御书额曰'崇中念旧'，设位为祭。"[3] 对于各省，雍正十年，诏："各省会地建祠宇，凡外任文武大臣，忠勇威爱，公论允翕者，俾厝祀典，用劝在官。"[4]

这一意在使后人"观感奋发、知所慕效"和"用劝在官"的传统在民国初期也被继承。1925年11月4日北洋政府颁布"崇祀条例"。[5]

---

1 "南岳延寿庙建忠烈祠"，《申报》，1940年3月15日；"南岳忠烈祠积极建筑"，《申报》，1940年12月30日。
2 冯玉辉："南岳忠烈祠"，《抗日战争研究》，1995年，第2期：229-230页。
3 赵尔巽主编《清史稿》，卷八十七，志六十二，礼六（吉礼六）：2601-2602页。
4 同上：2603-2604页。
5 "崇祀条例"，《政府公报》，第3453号，1925年11月14日。

"条例"规定,崇祀分"国祀"和"乡祀"两种。"国祀由临时执政及各地方长官行之,乡祀由各地方长官行之。"合于下列各款之一者列入国祀:"一、著书宏教阐明至道实践躬行者;二、文武忠烈;三、功德被于全国后世者。""条例"规定三种场所用于国祀:"合于前条第一项第一款之规定者,于孔子庙从祀之。合于前条第一项第二款之规定者,应分别文武忠烈祠汇祀,或关岳庙从祀之。合于前条第一项第三款之规定者,于功德祠汇祀之。"合于下列各款之一者列入乡祀:"一、御灾捍患及以死勤事者;二、忠孝节义贞烈行谊卓著者;三、名宦乡贤其功德施于地方者;四、凡经准设专祠其功德施于地方者。"大概是为了防止主管官员以公谋私,"条例"还特别规定,"前项第三款所定之名宦乡贤以其人身殁十年,子孙无现任文武特任职者为限"。建筑史学者殷力欣注意到,在建筑师吕彦直的遗著《建设首都市区计划大纲草案》中,曾有在南京中山陵园建立国家先贤祠的设想。但这一设想并未实现。[1]民国功德祠实施的情况也待进一步查考。

三、墓

1. 清德宗崇陵

清德宗光绪皇帝的崇陵是一座处于新旧时代转变过程中代表旧王朝的最重要的礼制建筑(图 1-12)。根据 1912 年的《清室优待条件》,民国政府有责任将当时尚未完工的崇陵"如制妥修"。该年 7 月 20 日,大总统袁世凯令国务总理赵秉钧与大总统府都翊卫使、清博多勒噶台亲王僧格林沁的曾孙阿穆尔灵圭负责办理。[2]1913 年冬崇陵完工,12

---

1 吕彦直:"建设首都市区计划大纲草案",《中山纪念建筑》(天津:天津大学出版社,2009 年):349 页。殷力欣:"刍议'中国固有式建筑'的文化意义",《中国建筑文化遗产》,第 1 期,2011 年 8 月:33-41 页。

2 "接办崇陵工程处赵秉钧等呈大总统报明启用关防日期文并批",《政府公报》,第 412 号,1913 年 6 月 29 日。

图1-12 建筑师待考:清德宗光绪皇帝崇陵,河北易县,1909~1913年。图片来源:本文作者摄,1997年。

月13日德宗帝后奉安。

　　清朝被推翻以后,崇陵一直是各地遗老拜祭以申对于故君和旧朝眷怀的所在。如前清举人林纾(琴南)曾不远千里,先后"十谒崇陵,肃衣冠望祭于关门之外。"[1]而最著名的"遗老"当属清末曾主讲武昌两湖书院,历任汉阳知府、湖北按察使等职的梁鼎芬(星海)。他在民国成立后效仿明末遗民顾亭林,"时时至陵上叩谒"[2],并在工程因改朝换代而中辍后为其重新开工而奔走呼号。[3]在德宗葬礼上他还大骂未来参加的清室成员:"奕劻上哪里去了?载振亦不来,像这种东西,天理良心,岂有丝毫没有?前清用此等臣子,恶得不亡?"[4]葬礼之后,

---

[1] 钟广生:"书林畏庐先生轶事",《慈盦文集(湖滨补读庐丛刻之二)》,卷二:9页。转引自胡平生《民国初期的复辟派》(台北:学生书局,1985年):58页。
[2] "梁星海之大哭",《盛京时报》,1913年12月19日。
[3] 凉耳:"记梁文忠公",《实报半月刊》,第2期,1935年11月:25-28页。
[4] "梁星海之大哭",《盛京时报》,1913年12月19日。

图1-13 梁鼎芬"崇陵种树图",1916年7月。图片来源:凉耳:"记梁文忠公",《实报半月刊》,第2期,1935年11月:25页。

他又"拜崇陵种树事宜之命,自是守陵种树……鹑衣蔬食,履穿踵决不顾也。"他亲自种松109株,又督率工役,直至1916年种树事宜完成。[1] 种树将毕之时,他特拍摄了照片"崇陵种树图"以为留念(图1-13)。林纾和梁鼎芬的事迹表明,辛亥革命之后,遗臣们依然通过恪守旧的君臣之礼以表达对于前朝的忠诚与怀念。而崇陵的建造既是礼制的体现,也是他们记忆与情感的寄托。

2. 延续传统规制的民国大型墓葬

属于民国的第一座大型墓园无疑是第一任大总统袁世凯的"袁林"。1916年初袁试图恢复帝制,但随即遭到广泛反对而失败,6月6日因众叛亲离、疾病缠身而亡。依其遗愿,归葬河南安阳洹上。同年8月袁林开始兴修,墓圹先期建成,24日下葬。袁林位于洹上村东北隅之太平庄,占地139亩,耗资73万余元。除政府指拨银币50万元外,其余多为袁生前的下属和幕僚的捐款。全部建筑于1918年6月15日竣工。[2]

"袁林"名称由时任河南省省长、后任农商总长的田文烈提议,并经内务部批准。据《袁公林墓工报告》:"该总长等原呈拟将墓地定曰袁林,本部查河南旧俗,凡树木蓊翳之区,辄名为林,其来已

---

1 甘鹏云《潜庐续稿》,卷十,13页。转引自胡平生《民国初期的复辟派》(台北:学生书局,1985年):58页。
2 田文烈:"袁公林墓工报告序述",《袁公林墓工报告》,3-4页。宝顶石刻"中华民国五年八月兴修,越二年六月望告成"。

第一篇　旧新共存和中西交织下的民国早期礼制建筑及纪念物概论　　31

图1-14a　建筑师待考：袁林照壁，河南安阳，1916~1918年。图片来源：本文作者摄，2003年。

久。稽之省志，灼有前规，宋著作郎范纯仁植桑于襄城而有'著作林'之称；明祭酒宋讷筑墓于滑县而有'宋家林'之号。矧我袁前总统为一国之元首，万方所景企，允宜循河北（原文）之俗，定茔城之名称为'袁公林'，庶几名从主人。"[1]但该报告没有注意，或有意掩盖了另一个事实，即中国在名称等级上仅次于各代帝陵的重要墓葬就是孔子的"孔林"。

袁林在规模上不及清代诸帝陵雄伟，但又较一般贵族坟茔为大。清代亲王、世子、郡王、公主、福晋等贵族的坟茔制度，文献中并无记载。但孙大章根据已知实例认为，它们的规制应与帝妃园寝相近。一般茔地前有河，跨河为桥，后为左右值房（或无），正中为宫门，内为左右配房，院中央为三楹或五楹飨殿，再后为宝顶封土。若有功于朝，皇帝赐谥名并立碑，则在宫门前（或享殿前）建碑亭。个别亲王墓尚有石牌坊。贵族坟茔的主要建筑为红墙绿琉璃瓦。[2]另据《钦定大清会典》，醇贤亲王园寝，有"琉璃花门一，正中飨殿五间，飨殿前抱厦三间，北面燎炉一座，其南大门三间，门外东西厢各三间。围墙周长七十一丈九尺四寸。其碑亭一座，四面各三间，覆以黄琉璃瓦，恭镌御制碑文。"[3]醇贤亲王为光绪帝之父，死于中日甲午战争之前，其园寝规模在诸亲王中当属大者。

反观袁林，其建筑沿中轴线由南至北则分别为照壁（图1-14a）、

1　"内务部核议袁公林墓祀典并酌拟保管规则及林墓所占地亩请饬财政部核明数目豁除粮赋呈文"，《袁公林墓工报告》（北京：财政部印刷局印行，1918年，下同）：14页。
2　孙大章主编《中国古代建筑史（第五卷）》（北京：中国建筑工业出版社，2002年）：280页。
3　《钦定大清会典》，卷六十一：5页。

一孔券桥、墓道、六柱五间五楼牌楼（图 1-14b）、神道（望柱 2、石马 2、石虎 2、石狮 2、石武人 2、石文人 2）（图 1-14c~f）、单檐歇山顶碑亭（内竖徐世昌所书"大总统袁公士凯之墓"碑）（图 1-14g）、大门三间附东西值房各三间、单檐歇山顶飨堂七间带月台（图 1-14h~i）并附东西配房各五间，石柱铁门（图 1-14j），以及墓台和宝顶（图 1-14k~m）。袁林的建筑采用红墙和绿琉璃瓦，这一点与清王公贵族坟茔惯例相符，但其主要建筑的规模却超过之。如飨堂"景仁堂"并非一般的三楹或五楹，而是仿清亲王府正殿形制。其面阔七楹并带月台，符合《钦定大清会典》亲王府正殿为七间并设前墀（月台）的规定。[1] 建筑长 30.67 米，进深 10.67 米，计明间一丈六尺，平身科斗栱 6 攒，次间各一丈四尺，平身科斗栱 5 攒，两梢间各一丈二尺，平身科斗栱 4 攒。通进深三丈二尺。此外檐柱高为一丈六尺，圆径一尺五寸。[2] 如此则斗口为 2.5 寸，相当于八等材，较之清代大多官式建筑，包括一些大型庙宇都大[3]，与现存多数王府斗栱一致。而其单翘重昂七踩斗栱在清代王府正殿建筑中也属大型（图 1-14n）。[4] 此外，飨堂院围墙总长八十七丈四尺六寸，甚至超过醇贤亲王园寝。

《清史稿》之凶礼规定："公至二品，用石人、望柱暨虎、羊、马各二，三品无石人，四品无石羊，五品无石虎。其墓门勒碑，公、侯、伯螭首高三尺二寸，碑身高九尺，广三尺六寸，龟趺高三尺八寸。一品螭首，二品麒麟首，三品天禄辟邪首，四品至七品圆首方趺，首视公、

---

1 《钦定大清会典》，卷五十八：20 页。
2 《袁公林墓工报告》，20 页。
3 据孙大章：清代官式建筑"材制虽分十一等，但实际应用范围甚窄，一、二、三等材未见使用过，文献记载城楼等高大建筑最多用四等材，一般单层建多为七、八等材，如故宫太和殿才用七等材，而大部分建筑多用九等材，如承德外八庙等大型庙宇即用九等材。"孙大章主编《中国古代建筑史（第五卷）》（北京：中国建筑工业出版社，2002 年）：411 页。
4 参见王世仁："北京清代恭王府正殿原状推测"，恭王府管理中心编《清代王府及王府文化国际学术研讨会论文集》（北京：文化艺术出版社，2006 年），2006 年，314-322 页。但袁林三开间大门的门钉数为纵七横七，比《大清会典》所规定的亲王府"纵九横七"少。

图1-14b 建筑师待考：袁林牌楼，河南安阳，1916~1918年。图片来源：本文作者摄，2003年。

图1-14c 朱启钤摄："已故大总统袁公林墓墓道前翁仲石虎石狮石马石柱之大观"，河南安阳，1916~1918年。图片来源：《北洋画报》，第28期，1926年10月13日。

图1-14d 建筑师待考：袁林神道华表、翁仲，河南安阳，1916~1918年。图片来源：本文作者摄，2003年。

图1-14e 建筑师待考：袁林神道翁仲，河南安阳，1916~1918年。图片来源：本文作者摄，2003年。

图1-14f 建筑师待考：袁林神道翁仲，河南安阳，1916~1918年。图片来源：本文作者摄，2003年。

第一篇　旧新共存和中西交织下的民国早期礼制建筑及纪念物概论　　35

图1-14g　建筑师待考：袁林碑亭，河南安阳，1916~1918年。图片来源：本文作者摄，2003年。

图1-14h　建筑师待考：袁林景仁堂，河南安阳，1916~1918年。图片来源：本文作者摄，2003年。

图1-14i 朱启钤摄:"已故袁士大总统林墓中之飨堂",河南安阳,1916~1918年。图片来源:《北洋画报》,第47期,1926年12月18日。

图1-14j 建筑师待考:袁林墓台前的石柱铁门,河南安阳,1916~1918年。图片来源:本文作者摄,2003年。

图1-14k　建筑师待考：袁林墓台与宝顶，河南安阳，1916~1918年。图片来源："The Mausoleum of the late Yuan Shih Kai, President of the Republic of China. This Edifice is at Chang-teh Fu in Honan. It is built partly of Stone and partly of Concrete, and lies in well laid out and spacious Grounds." China Journal of Science and Arts, vol.XIII（July-December, 1930）, p.307.

图1-14 l　建筑师待考：袁林墓台与宝顶，河南安阳，1916~1918年。图片来源：本文作者摄，2003年。

图1-14m　建筑师待考：袁林墓台与宝顶，河南安阳，1916~1918年。图片来源：本文作者摄，2003年。

图1-14n　建筑师待考：袁林景仁堂斗栱，河南安阳，1916~1918年。图片来源：本文作者摄，2003年。

侯、伯递杀二尺至尺八寸止。"[1]袁林神道不仅增加了一对石人，还增加了一对石狮。且墓碑采用螭首，高5.39米，以清营造尺一尺合公制31厘米计，5.39米即一丈七尺四寸（图1-14o），也高于公、侯、伯墓碑通高一丈六尺的规定。

袁林墓台共三层。据《袁公林墓工报告》，第一层南北长二十八丈，东西宽二十二丈五尺，虎皮石墙高九尺。第二层南北长十三丈九尺二寸，东西圆径十一丈一尺五寸，虎皮石墙高七尺。拜台东西宽六丈八尺一寸，围以青白石柱铁栏杆；第三层即宝顶的基座，其圆径六丈，高一丈四尺二寸，青白石墙，置石狮十二座。其上宝顶高一丈二尺，墓包圆径五丈二尺。[2]由此可知，袁林茔地周长超过九十一丈，坟高，即第三层台和宝顶合计为二丈六尺二寸，显然大大超过《清史稿》中对一品官茔地"（周围）九十步（按：合四十五丈），封（按：即

图1-14o 徐世昌书："大总统袁公士凯之墓"碑，袁林，河南安阳，1916~1918年。图片来源：本文作者摄，2003年。

---

1 赵尔巽主编《清史稿》卷九十三，志六十八，礼十二（凶礼二）：2723页。
2 《袁公林墓工报告》，20页。另据安阳市博物馆提供的数据：墓南北长93.33米，东西宽68.33米。宝顶直径17.33米，高4米。

坟高）丈有六尺"的规定。甚至还超过了《明史》中"功臣殁后封王，茔地周围一百步，坟高二丈，四围墙高一丈，石人四，文武各二，石虎、羊、马、石望柱各二"的规定。[1]

袁林设计者还在照壁、神道华表、墓门、墓台铁栏以及彩画等多处采用一种西式勋章图形作为装饰（图1-14p~q）。它的图案与民国当时的"文虎勋章"及"嘉禾勋章"均不相同。其星章（star of order）构图的中心为双层圆环，双环间为24个小圆，内环中图案沿轴线自上而下分别为：星辰、日月、火焰、山、双弓、呈同心圆排列的米点、雉和斧，双弓的左右分别为饰有长尾猴（蜼）、虎图案的双杯和腾飞

图1-14p　建筑师待考：袁林墓台前石柱铁门上的"十二章"图案，河南安阳，1916~1918年。图片来源：本文作者摄，2003年。

1　张廷玉等撰《明史》卷六十，志三十六，礼十四（凶礼三）（北京：中华书局，1974年）：1487页。

图1-14q　建筑师待考：袁林神道照壁上的砖雕"十二章"图案，河南安阳，1916~1918年。图片来源：本文作者摄，2003年。

于藻叶之上的双龙。这些母题即为中国古代的装饰图案"十二章"。这些母题的最早记载见于《尚书·益稷篇》："帝曰：予欲观古人之象，日、月、星辰、山、龙、华虫（雉），作会（绘），宗彝（按：虎彝、蜼彝）、藻、火、粉米、黼（按：斧）、黻（按：双弓），缔绣，以五彩彰施于五色作服。"东汉经学家郑玄认为，日、月、星辰、山、龙、华虫、宗彝、藻、火、粉米、黼、黻，为"古天子冕服十二章"，即皇帝礼服上的12种装饰母题。至隋唐"十二章"图案已成为皇帝冕服的定式，一直流行到清代。[1] 借助这些图案，袁林设计者表现了墓主人曾经称帝的特殊身份。

---

[1] 野崎诚近《吉祥图案解题》（东京：株式会社平凡社，1928年初版，1940年再版）：5页；"中华服饰的起源：2 奴隶社会—夏商西周时期的服饰艺术"，2006年5月14日，金诺人文网，http: //5fiona.blogbus.com/logs/39044843.html。

1916年12月18日，民国政府公布《国葬法》。其中规定："第一条：中华民国人民有殊勋于国家者，身故后经大总统咨请国会同意，或国会之议决，准予举行国葬典礼。已经私葬者，亦得依前项之规定补行国葬典礼。第二条：国葬经费五千元由国库支出。第三条：国葬墓地由国家于首都择定相当地址建筑公墓，或于各地方择定相当地址修筑专墓，或由死者遗族自行择定茔地安葬。均由国家建立碑铭以表彰之。第四条：关于葬仪及修墓一切事宜，由内务部派员办理。"[1]1917年2月24日内务部还制定了"举行国葬，修建专墓事宜及致祭礼节"，其中包括"专墓制度"。"专墓制度"规定："一、墓地四周环以墙垣，前置墓门，立碑于门外之左（碑铭由内务部呈请大总统颁给）。二、坟墓高宽方圆无定式，墓前或后树石碑一标题姓氏。三、相度地势建筑飨堂三楹，中间龛一，安设神位，前设案一，置炉一灯二，另备馔桌祭文案各一，两旁陈列生前衣冠剑带之属，左右余屋各二间，左置祭器什物，及为致祭者休息之所。（说明：凡墓地广狭，石碑高下及建筑飨堂方向，均由监造员因地制宜，以期合度，缘各省山地、平地形势既殊，且又关系财力，均难悬断，是以不为规定。）"[2]《国葬法》在袁林设计后制定，当是以其为契机，为后人制定的相应规范。但据《袁公林墓工报告》，至1917年1月，其墓所完工的仅为内圹，亦即宝顶部分。所以"举行国葬，修建专墓事宜及致祭礼节"的制定当有可能是为了控制其墓园的形制和规模，亦有可能是为了限制后人。不过事实证明该法在两方面都没有约束力。

民国副总统、代总统冯国璋1919年12月12日病故。其墓位于原籍河北省河间县西诗经村东北，不幸已毁于"文化大革命"，现仅存遗址（图1-15）。该墓建造"由民国政府管理其事，一切规模均照

1　"国葬法"，商务印书馆编译所编辑《法令大全》（上海：商务印书馆，1924年）：1527页。
2　"内务部呈准举行国葬，修建专墓事宜及致祭礼节"，商务印书馆编译所编辑《法令大全》（上海：商务印书馆，1924年）：1528页。

图1-15　建筑师待考：冯国璋墓遗址，河北河间，1920年。图片来源：本文作者摄，2003年。

项城（按：即袁世凯）前案办理"。[1]《中国历代名人胜迹大辞典》的记述略详：该墓墓园有门，南向，是一座五楹琉璃瓦歇山顶式建筑。门前有石桥，门内有三间四柱白石坊。石坊后有"河间冯公之神道"及"中华民国副总统代理大总统冯公国璋之墓"二碑。碑后神道两侧，分列有华表、石人、石马、石羊、石象等。再后为宫殿式通厦（按：疑即大门）三重（按：疑为间），继为享殿（按：楹数不详），内置石五供（原文），殿后宝顶。[2]尽管这一记述仍显示出冯国璋墓与袁林略有不同，但它们都采用了沿中轴线布置石桥、牌坊、神道、陵门、碑亭、祭堂和宝顶的方式，在设计原则明显表现出对于前清陵墓设计传统的继承。

20世纪20年代以后中国的大型墓葬当属国民党总理孙中山（1866~1925年）之陵（吕彦直，南京，1925~1931年）（图1-16），以及国民政府主席谭延闿（1880~1930年）之墓（基泰工程司杨廷宝，南京，1931~1933年，图1-17a，b）和林森（1868~1943年）之墓（基泰工

1　"冯河间逝世余闻"，《申报》，1920年1月3日。
2　彭卿云编《中国历代名人胜迹大辞典》（三联书店（香港）有限公司，1995年）。

图1-16　吕彦直：中山陵，南京，1925~1931。图片来源：本文作者摄，2002年。

第一篇　旧新共存和中西交织下的民国早期礼制建筑及纪念物概论

(a)

(b)

图1-17a，b　杨廷宝：谭延闿墓，南京，1931~1933年。图片来源：本文作者摄，2002年。

程司杨廷宝，重庆，1943~1944年，未全部实现）。它们的设计都摒弃了历史上帝陵前带有迷信和封建色彩的阴阳桥和排列着石象生的神道。中山陵甚至淘汰了传统的吻兽等龙形象征母题，并体现了现代公共纪念物所具有的开放性以及"唤醒民众"的象征性。[1]不过与袁林和冯国璋墓相似，它们也都在墓室或宝顶之外附设牌坊、墓道、陵门、碑亭和祭堂，依然显示出前清陵墓形制以及民国国葬专墓制度的影响。这种做法还说明，在为其重要领导人举办的葬礼中和具有国统代表性的大型墓葬的设计中，国民党人仍然追求一种文化的正统性。

3. 新式纪念碑形墓

与传统陵墓一样，上述墓园的核心建筑是用于祭祀的飨堂。但辛亥革命以后还有许多墓葬，包括享有国葬等级者，在设计上并未延续前清传统，而是采用了坟茔结合纪念碑的造型，并刻意突出坟茔和纪念碑的视觉象征性。

1916年10月31日和11月8日，民国元勋黄兴（1874~1916年）和蔡锷（1882~1916年）先后病故。11月23日内务部咨呈国务总理段祺瑞请将黄、蔡予以国葬。[2]二人的葬礼分别于1917年4月15日和12日在湖南长沙举行，他们的墓均位于岳麓山上。此时"举行国葬，修建专墓事宜及致祭礼节"刚刚颁布，但黄、蔡之墓并未遵循其关于"专墓制度"的规定。相比上述诸大型墓园，二墓没有广阔的占地和为数不寡的附属建筑，无疑颇显简陋。这种规模或许表明了二人并不认同袁世凯下属把持的北洋政府所制订的礼制体系，抑或是因为丧葬费用的限制，——如相比袁世凯墓50万银币的政府拨

---

1 参见拙文"探寻一座现代中国式的纪念物——南京中山陵设计"，范景中、曹意强主编《美术史与观念史》，IV（南京：2005）：159–208页。
2 "内务部咨呈国务总理请将前上将黄兴、前中将蔡锷予以国葬交会公决文"，《政府公报》，第319号，1916年11月23日。

款,二人所获得的政府"特给"丧葬费各仅 2 万元。[1] 不过在另一方面,设计者却用来自西方的建筑语言强化了两座纪念物的革命象征性。

黄兴墓为竖立在双层基座上的方尖碑形,通高 11 米,正面(东向)镶嵌紫铜色碑板,上刻"黄公克强之墓"(图 1–18)。这一碑形常被观者比作一把直插云天的利剑,也令人联想到黄生前所书的许多充满英雄气概的对联:"长剑倚天外,匹马定中原"(赠耿觐文),"既由勋名惊海内,更携书剑客天涯"(赠洪门领袖吴觉民),和"腰间宝剑冲霄起,座上阴符对酒看"(赠邓贤才)。蔡锷墓通高 7 米,上下分冢和碑两部分。冢为花岗石砌成的覆钵形,上树方尖碑形的花岗石碑,碑高约 6 米,正面嵌铜板,上刻"蔡公松坡之墓"(图 1–19)。两座坟茔墓碑的方尖碑造型来自西方。而蔡锷墓的方尖碑与覆钵体结合构成一个钟形,更具有"唤醒中国"的象征意义。

图1–18　建筑师待考:黄兴墓,湖南长沙,1917年。图片来源:张曦女士摄赠,2011年。

---

[1] "大总统令",《政府公报》,第 299 号,1916 年 11 月 3 日。

图1-19　建筑师待考：蔡锷墓，湖南长沙，1917年。图片来源：张曦女士摄赠，2011年。

澳大利亚学者、著名中国近代史家费约翰（John Fitzgerald）认为，"唤醒民众"是20世纪中国现代化以及文化、政治重建过程中的核心问题。[1] "唤醒民众"的思想颇具象征性的体现在近代著名先烈陈天华（1875~1905年）三本遗作的标题之中——《警世钟》、《猛回头》和《狮子吼》。《警世钟》的开篇诗写道："长梦千年何日醒，睡乡谁遣警钟鸣？腥风血雨难为我，好个江山忍送人！万丈风潮大逼人，腥膻满地血如糜；一腔无限同舟痛，献与同胞侧耳听。"

陈天华诗所说的"警钟"曾是中国近代城市中的火灾报警设备，1880年前后出现于上海公共租界。[2] 但在民族危亡之际，它被当成了一种唤醒民众的象征。1904年，蔡元培将《俄事警闻》报改名为《警钟日报》。其刊首漫画（图1-20）的说明是："我们住在上海租界，或同朋友谈谈天，喝喝酒，叉叉麻雀[将]，或躺在鸦片烟榻上，或睡着

1　见 Fitzgerald, John, *Awakening China: Politics, Culture, and Class in the Nationalist Revolution*（Stanford: University of Stanford Press, 1996）。

2　薛理勇："上海的'水龙'与'救火会'"，《新民晚报》，2005年5月8日。

第一篇　旧新共存和中西交织下的民国早期礼制建筑及纪念物概论　　49

图1-20　艺术家待考:"警钟"漫画,《警钟日报》,1904年2月26日。

的——忽然听到嘡嘡嘡的钟声。谈的也住口了,顽[玩]的也放手了,睡的也警醒了,一齐说道,警钟! 现在我们的中国就是我们中国人的产业,一块一块的要被外人瓜分去了,就是到处起火的样子。但中国人一点不去想法子,就是没有知遂火起,所以不立救火会。我们所以设起这个警钟来,一天天的打。东三省是火已燎原了,我们顶说得起劲,山东河南呀,广东广西呀,福建浙江呀,长江一带呀,这都是已经起火的了,我们也一起一起的说,这便是西华德路打一下,洋泾浜打四下的样子了。我们还要把这件事的来因后果详详细细讲,并救他的方法也讲出来,比那上海警钟楼的昼悬旗、夜悬灯更要清楚呢,列位快听呀,不要再装聋子!"[1]1925年3月11日,孙中山在其临终的遗嘱中也说:"余致力国民革命凡四十年,其目的在求中国之自由平等。积四十年之经验,深知欲达此目的,必须唤起民众。"

民国茔墓设计中采用了钟形母题最为著名的个案无疑是南京的中山陵。[2]但它并非孤例。除了上述蔡锷墓之外,还有1912年建成、

---

[1] 《警钟日报》,1904年2月26日。
[2] 详见拙文"探寻一座现代中国式的纪念物——南京中山陵设计",范景中、曹意强主编《美术史与观念史》,第4卷,2005年: 159-208页。

图1-21 建筑师待考：秋瑾墓，杭州西湖，1912年？。图片来源：中华书局上海编辑所编辑《秋瑾史迹》（北京：中华书局，1958）：7页。

位于杭州西泠桥旁的秋瑾墓（建筑师待考，1912）以及广州黄花岗七十二烈士墓。秋瑾墓建于三层台阶之上，为平面呈八角形的石砌仿须弥座形。墓上立八角形碑亭，冠以钟铎形顶（图1-21）。秋瑾曾为《警钟日报》的创办写诗祝贺。"此钟何为铸？铸以警睡狮。狮魂快归来，来兮来兮莫再迟！我为同胞贺，更为同胞宣祝词。祝此警钟命悠久，贺我同胞得护持。遂见高撞自由钟，竖起独立旗，革除奴隶性，抖擞英雄姿。伟哉伟哉人与事，万口同声齐称《警钟》所恩施！"[1] 用钟形装饰秋瑾的纪念碑亭无疑极好地表达了她的革命理想。

黄花岗七十二烈士墓（杨锡宗？，1917~1926年）为1911年4月27日广州起义牺牲烈士的墓地（图1-22a~c）。该墓由国民党美洲各支部资助，并由国民党元老林森主持建造。墓园的主体建筑包括合葬墓与纪功坊两部分。它们采用了美国三个最著名的纪念物的装饰母题来表达共和理想。如刻有孙中山手迹"浩气长存"的纪功坊之上矗立的是自由女神像。坊前方的合葬墓上是一座石亭，其顶部的钟形令人想到象征美国独立的"自由钟"。亭内所竖刻有"七十二烈

---

1 秋瑾："读《警钟》感赋"，1904年春。郭长海、郭君兮编《秋瑾全集笺注》（长春：吉林文史出版社，2003年）：339页。

第一篇　旧新共存和中西交织下的民国早期礼制建筑及纪念物概论

（a）

（b）

图1-22a~b　杨锡宗（？）：黄花岗七十二烈士墓（一），广州，1917~26年。图片来源：本文作者摄，2002年。

（c）

图1-22c　杨锡宗（？）：黄花岗七十二烈士墓（二），广州，1917~26年。图片来源：本文作者摄，2002年。

士之墓"字样的方尖碑形墓碑又可以诠释为美国首都的华盛顿纪念碑（Robert Mills，1848~1884年）。对比传统墓园，黄花岗七十二烈士墓在形制上最突出的特点是取消了祭堂，仅保留一个可以放置供品的小型石祭案，从而凸显了烈士墓本身、墓碑与纪功坊的视觉重要性。这一变化说明，墓地设计中"祭祀"死者的功能正逐渐让位于教育观者的"纪念"功能。

"唤醒"的母题不仅有钟。上海的五卅烈士墓（建筑师刘士琦，1925~1928年）在五卅惨案发生三周年时竣工。[1]该墓位于沪北北邢家木桥，墓的造型采用半圆体的窣堵坡形，顶部以一具雄鸡雕刻作为装饰，同样象征了对于沉睡着的国人们的唤醒（图1-23a）。该墓前方还有一座哥特风格的碑亭，其檐部的四角以石狮为装饰，当是以"醒狮"

1　"五卅烈士公墓摄影/竣工"，《时事新报》，1928年5月30日。

图1-23a　刘士琦：五卅烈士墓，上海，1925~1926年。图片来源：伍联德、梁得所编《中国大观》（上海：良友图书公司，1930年）：168页。

喻"醒世"。亭内还镶嵌着一块石碑，上刻四个大字："来者勿忘"（图1-23b）！显然，这个墓和碑的设计并非仅仅出于一种传统意义的祭奉死者，它还有一个现代的功能，这就是警示来者。[1]

不过，民国时期纪念碑形墓的造型并非均来自西方，其中同样有中国传统的影响。这种旧与新的交织尤其体现在北平彭家珍纪念碑的初建和改造之上。彭是辛亥革命中一位重要的烈士。武昌起义后，以清廷在军事上的主要干将良弼为首的满洲贵族组织宗社党，反对与革命军议和，反对清帝退位。1912年1月25日，身为同盟会京、津、保支部军事部长的彭家珍暗藏炸弹，炸死良弼，自己亦同时牺牲。彭的壮举震慑了清宗室，此后无人再敢坚持对抗革命政权，清帝最终于2月22日下诏退位。孙

图1-23b　刘士琦：五卅烈士墓"来者勿忘"碑，上海，1925~1926年。图片来源：伍联德、梁得所编《中国大观》（上海：良友图书公司，1930年）：168页。

---

[1] 此墓在1932年"一·二八"日军轰炸上海时被毁。

中山曾高度评价彭的功绩，称"我老彭收功弹丸"，并追赠他为陆军大将军，令崇祀忠烈祠。1927年国民党中央执行委员会委员戴季陶呈："以四川彭家珍烈士舍身炸贼，视死如归，取义成仁，光辉民族，似应格外从优议恤。且北平历代帝都，民智鄙塞，革命建筑寂焉无闻，拟请令行北平特别市政府筹建彭烈士纪念堂示北方人民以楷模，显革命成功之伟绩，庶足以除封建之余臭，酬烈士之殊勋，昭示来兹，藉资观感，乞察核施行。"该呈经执委会第184次常务会议议决通过，并转令北平特别市市政府遵照办理。为此，市长何其巩于12月21日令工务局长华南圭会同土地局，规划建堂地址，估定用款。[1]

出于保护古迹、吸引观者和节省经费的考虑，二局曾建议将北海万佛楼改造为彭家珍纪念堂，但最终"经约葬师（按：风水师）同堪"，测定在北平农事试验场（今北京动物园）（图1-24a）。"彭烈士修墓办法"说明："一、墓址：在农事试验场内、畅观楼前平原上，其基底直径约二丈，高约一丈八尺，外面走水台阶各方宽四尺、高二尺。二、墓形：仿僧塔形式，用八角形，立八圆柱，除下底上顶不计外，中间实用三层，以上中二层刊碑文，绘烈士像，宜用汉白玉乃明了。其下层不刊字，或白玉或青石均可，但顶上宝鼎一层须要能蔽下面风雨才好。"（图1-24b）[2]这一墓碑今已不存，但"僧塔形"纪念碑的造型尚可见于四川青白江区城厢镇建成的"先烈彭大将军家珍殉国纪念碑"。青白江区城厢镇为彭的家乡。1938年，按照孙中山生前指令，当地政府修建了彭大将军专祠，该碑即在祠内。祠为砖木结构的旧式平房，纪念碑在其西，坐落在一正方形的碑基之上，通高9.8

---

[1] "北平特别市工务局、土地局关于报送建筑彭家珍烈士纪念堂和立祠修墓铸像等规则、用款及家属要求的呈以及市政府的指令、训令等"，1928年12月~1929年12月；"北平特别市政府关于速将建筑彭家珍烈士专祠地址、勘定估价，连同修理四烈士神室需款具报的训令，及工务局、土地局就有关事项的呈"，1929年9月~1930年3月，北京市档案馆档案：J17-1-351、352。

[2] 同上。有关彭家珍墓的建造过程，另请参见 Dong, Madeleine Yue（董玥），*Republican Beijing: The City and Its Histories*（Berkeley: University of California Press, 2003）: 86–90。

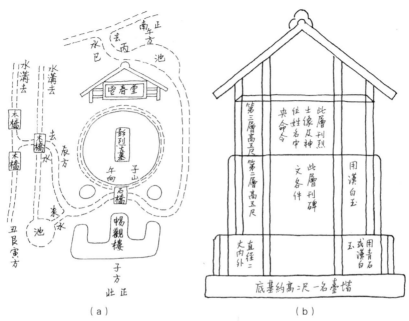

图1-24a,b　建筑师待考：彭家珍墓堪舆及设计图（作者根据档案图描绘），1929年。图片来源："北平特别市政府关于速将建筑彭家珍烈士专祠地址、勘估估价，连同修理四烈士神室需款具报的训令，及工务局、土地局就有关事项的呈"，1929年9月~1930年3月，北京市档案馆档案：J17-1-352。

米；碑身为四棱柱体。碑基为台式，刻有蟾蜍花草等纹饰。汪精卫所撰《先烈彭大将军传》即刻于碑基。碑身上还分别刻有国民政府主席林森、考试院院长戴季陶题写的"先烈彭大将军家珍殉国纪念碑"、"彭大将军家珍烈士纪念碑"。[1]塔形造型还令人想到上述南京国民革命军阵亡将士纪念塔、后文将要提到的成都"辛亥秋保路死事纪念碑"，甚至长沙为纪念北伐阵亡将士于1927年在岳麓山上建造、象征佛教"地、水、火、风、空"五元素的五轮塔（1927年2月13日落成）（图1-25），它们或许反映了民国时期祭祀观念以及纪念碑设计

1　参见："青白江区城厢镇彭大将军专祠"，《易兰网》，2008年10月30日，http://blog.eorchid.cn/11476_6692.html

图1-25　建筑师待考：北伐将士纪念塔——五轮塔，湖南长沙，1927年。图片来源：张曦女士摄赠，2011年。

中佛教传统的影响。[1]

1935 年北平市政府对彭家珍,以及因刺杀袁世凯未遂而遇害的黄之萌(1887~1912 年)、张先培(1888~1912 年)、杨禹昌(1885~1912 年)三位烈士之墓进行重修。新墓仍在农事试验场,但位置有所改变。新设计由 1934 年毕业于中央大学的女建筑师于均祥完成(图 1-26)。[2] 墓的平面以一高出地面约 1 米的八角形石台为中心。石台正中立高约 6 米的纪念碑。碑分碑座、碑体和碑顶三部分。碑座为须弥座形,碑体为下大上小的八角形棱柱,上刻"彭、杨、黄、张四烈士墓",碑顶为一扁棱锥。石台的四个直边各有 7 步台阶。四位烈士的石棺椁下也有须弥座,分别从石台的四个斜边伸出。每座墓前均有碑文,记录烈士事迹,并有中国国民党党徽装饰。[3] 八角形的墓碑

图 1-26 于均祥:彭杨黄张四烈士墓,北京,1934 年。图片来源:中国人民政治协商会议全国委员会文史资料研究委员会编《辛亥革命回忆录》,第 5 集(北京:中华书局,1963 年):无页码、图号。

---

[1] 如民国元年北京共和纪念会追祭过程中还包括请雍和宫喇嘛诵经。见"北京举行共和纪念会情形之一",《东方杂志》,第 9 卷,第 6 号,1912 年 12 月。1930 年的"南京市婚丧仪仗暂行办法施行细则"规定:"出殡时得雇用僧道。"见中国第二历史档案馆编《中华民国史档案资料汇编》,第五辑,第一编,文化(一)(南京:江苏古籍出版社,1994 年),438 页。另据严昌洪,近代以降,丧礼中延僧道礼忏超荐、设坛唪经在全国许多地方一直普遍。20 世纪 20 年代以后伴随科学昌明和破除迷信,这些活动逐渐减杀,但直至 20 世纪 30 年代后期和 40 年代,在一些地方才仅仅是"已渐改革"和"多半废止"。见严昌洪"民国时期丧葬礼俗的改革与演变"(《近代史研究》,1998 年第 5 期:169~194 页)。

[2] "北平市工务局寄送重修彭、黄、张、杨四烈士墓工程图表、工程规范、承修合同和拨付工款等事项与四烈士墓委员会的来往函",1935 年 7~11 月,北京市档案馆档案:J17-1-1071。

[3] 参见"北京动物园的旅游景点——四烈士墓",《就爱我程网》,http://beijingdongwuyuan-1.9i5c.com/lvyoujingdian.html。

造型或许来自中国传统的陀罗尼经幢，但它出自于一位受到过现代建筑学教育的年轻建筑师之手，因此或又体现了一种将西方方尖碑造型与中国传统相结合的努力。

四、纪念碑

这些"纪念碑式墓"在区别于中国传统茔墓的同时，也有别于中国传统的"纪念碑"，如石塔、石坊和石碑。

纪念性建筑的本质是将历史性的过去转变成为空间性的永久存在。如果说庙、祠、墓都具有地点和祭祀时间的固定性，纪念碑和纪念雕像则代表了另一种纪念方式，即它们可以将被纪念对象展现于公共空间，甚至复制，并置于多处，从而引发经常性的观与念。本雅明（Walter Benjamin）曾说："不经意和专注（distraction and concentration）截然对立。建筑代表了一种艺术类型，公众对它的接受可以在不经意间实现。"[1]纪念碑和纪念雕像与庙祠祭祀最大的不同就是通过观者与被纪念对象的"不经意"接触而实现对被纪念对象的纪念。正是这种观览方式，使得纪念碑或纪念雕像在设计上和选址上必须易于识别。

1933年11月，"秋瑾烈士纪念碑"在她的"正命之地"——绍兴轩亭口建成。"秋瑾烈士纪念碑"七个大字由时任浙江省政府主席张静江所题，碑身还有于右任所书蔡元培在1930年3月撰写的《秋先烈纪念碑记》。"……吾乡先烈，自徐先生锡麟与陶先生成章而后，以秋先生瑾为最著。民国之初，徐先生祠于西郭，陶先生祠于东湖，各有瞻仰之所，惟秋先生迄无表章，隆仪阙然。于是邑人王君世裕等，慨念兴起，议建祠、筑亭，永昭功烈，县状政府言其事，并请款。会

---

1 Benjamin Walter, "The Work of Art in the Age of Mechanical Reproduction", in *Illuminations: Essays and Reflections by Walter Benjamin*, ed.Arendt Hannah, trans.Zohn, Harry（New York：Schocken Books, 1969）：217-51.

中央有不立专祠之决议,旋奉国民政府令,依内政部议准,建风雨亭及纪念碑,其经费由省政府会县估定。筹拨令既下,邑人之心大慰,乃遂相度地势,众意咸谓轩亭口为先生正命之地,宜建纪念碑;卧龙山之巅,近西南处,可下瞰当年先生拘系之典史署,宜建风雨亭。鸠工庀材,不日成事。亭取'秋雨秋风'之句以为名。咏其诗想见其为人,流连凭吊,情不自已。而轩亭口人烟稠密,往来肩摩,睹纪念碑之矗立,尤足以感动群情。廉顽立懦,盖必有后人继起建设,而先烈之勇往牺牲始不虚。然则是碑与亭,固为革命缔造之光,实以(亦?)群众兴奋之剂,宜与徐、陶纪念,鼎分辉映云。"蔡元培也强调了在公共空间修建纪念碑的作用,并再次指出了这些纪念物对于激励民众所具有的意义。

中国传统公共纪念物中服务于宗教目的的是石塔,而服务于社会目的的是石坊和石碑。它们识别性在于其特殊的类型特征。这种类型特征通常并不因人因事而异,所以对人或事更具体的说明就需要借助抽象文字的指示(index)。

辛亥时期中国最著名的石坊当是位于北京中央公园(后中山公园)的"公理战胜坊"(初名第一次协约纪念石坊,又称协约纪念碑、协胜纪念坊,1952年后被改名"保卫和平"坊)(图1-27a)。该坊原为四柱三间七楼造型,立于北京西总布胡同西口,是1901年清政府迫于列强的压力为"纪念"在1900年的义和团运动中殒命该处的德国公使克林德(Klemens Freiherr von Ketteler,1853~1900年)而建。纪念坊的三块坊心石上分别用汉语、德语和拉丁语3种文字镌刻了光绪皇帝对克林德之死致惜和道歉的谕旨(图1-27b)。1918年11月13日,就在第一次世界大战结束后的第三天,作为胜利者协约国之一的中国便将这座屈辱的象征拆除。翌年春该坊构件又在中央公园被重新组装,原来四柱三间七楼的造型因拆毁过程中的构件损坏被改为四柱三间三楼。坊上原有的纪念文字也被铲除,取而代之的是"公理战胜"四个大字。旧貌新颜的纪念碑在1920年6月10日

图1-27a　建筑师待考：公理战胜坊，北京，1919年。图片来源：本文件者摄，2011。

图1-27b　建筑师待考：克林德碑，北京，1901年。图片来源：留伯仙编著《晚晴明信片集萃》（北京：东方出版社，2003年）：253页。

竣工验收。¹这个个案同时说明，文字对于中国传统纪念碑意义的表达比造型更重要。²

义和团运动被镇压之后，清政府还为遇难传教士建立了一些中国风格的石碑以示纪念，其中如山西太原府的"敕建太原省耶稣教教士为道捐躯纪念碑"（Monument to Christian Martyrs, both Roman Catholics and Protestants）（图 1-28）和汾州府为遇难美国传教士建立的纪念碑（Monument to the Missionaries of American Board Who Lost Their Lives in 1900）（图 1-29）。但显然两座石碑都缺少视觉上的"纪念性"，因而它们又都被配以造型别致的中式亭阁。如前者是一个跱立的双亭，或是象征遇难的天主教和新教两派教徒，而后者则仿佛是一座神龛。³

一种体现新的识别方式的纪念碑最先出现在西方人占据的中国租界里。1898 年 11 月 20 日，德国伊尔底斯炮舰纪念碑（Shanghai Iltis Denkmal，设计师待考）在上海外滩落成。1896 年夏，该舰遇暴风雨沉没于黄海，导致 77 名船员丧生。纪念碑的设计者将一根取自沉船，长达 6 米的断桅耸立在大理石基座上，衬以青铜铸造的花环、军旗和迎风的船帆。纪念碑基座的正面是一幅表现炮舰乘风破浪扬帆前进的浮雕，背面是碑文"纪念 1896 年 7 月 23 日在中国黄海风暴中遇难的伊尔底斯号炮舰全体船员"和殉难官兵的姓名。⁴这座纪念碑不仅有指示性的文字，还有炮舰的形象（icon）以及表示海难的断桅，即象征（symbol）。另一座采用了象征手法的著名纪念碑是欧战和平纪念碑（英商马海洋行 Messrs.Spence, Robinson & Partners 的 J.E.March 建筑师负责设计，日本侵华期间被日军拆除）。该碑上立胜利女神铜像，位于

1　"验收北京中央公园第一次协约纪念石坊工程文件"，1920 年，中国第二历史档案馆档案，一〇〇一（4639）。另参见："协约纪念碑将在京建造"，《申报》，1919 年 2 月 23 日；"京建筑协胜纪念坊筹备处开幕"，《申报》，1919 年 3 月 15 日；"北京中央公园内协胜纪念坊竣工"，《申报》，1920 年 7 月 7 日。

2　参见侯幼彬《中国建筑之道》（北京：中国建筑工业出版社，2011 年）：111 页

3　*The Chinese Recorder* 34, no.10（Oct.1903）；35, no. 5（May 1904）：封二。

4　薛理勇《外滩的历史和建筑》（上海：上海社会科学院出版社，2002 年）：240-242 页。

图1-28 建筑师待考：敕建太原省耶稣教教士为道捐躯纪念碑（Monument to Christian Martyrs, both Roman Catholics and Protestants），山西太原，1903年。图片来源：The Chinese Recorder, vol. 34, no. 10, Oct. 1903：封二。

图1-29 建筑师待考：遇难美国传教士纪念碑（Monument to the Missionaries of American Board Who Lost Their Lives in 1900），山西汾州，1904年。图片来源：The Chinese Recorder, vol. 35, no. 5, May 1904：封二。

延安东路外滩，1924年2月16日落成（图1-30）。[1]

不过即使在上海租界，最为普遍的仍是以文字作为"指示"方式的纪念碑，其中包括在苏州路、黄浦滩路交叉口为1875年在云南殒命的英国探险家马加里（Augustus Raymond Margary，1846~1875年）建立的哥特风格纪念碑亭（建筑师待考，1909）（图1-31），和为1862年在太平天国战争中阵亡的英国洋枪队统领华尔（Frederick Townsend Ward，1831~1862年）的方尖碑形纪念碑（建筑师待考，1923年）（图1-32）。[2]如同中国的石塔、石坊和石碑，哥特风格的碑亭和方尖碑在西方也是纪念碑类型的构筑物，前者最著名的实例是英国伦敦的阿尔伯特纪念碑（George Gilbert Scott，1872），后者的起源可以追溯到古埃及，并直到19世纪，一直是欧洲纪念碑的一个重要原型。

图1-30　J.E.March,（英商）马海洋行Messrs. Spence, Robinson & Partners：欧战和平纪念碑，上海，1924年。图片来源：邓明主编《上海百年掠影》（上海：上海人民美术出版社，1992年）：52页。

图1-31　建筑师待考：马加里（Augustus Raymond Margary）纪念碑亭，上海，1909年。图片来源：邓明主编《上海百年掠影》（上海：上海人民美术出版社，1992年）：53页。

1　参见：亭子间爷叔："老上海的纪念建筑和雕塑"，《东方博客网》，2010年1月25日，http://blog.eastday.com/shsh/art/985938.html。
2　"美国将领华尔墓纪念碑之开幕期"，《申报》，1923年5月20日。

图1-32 建筑师待考：华尔（Frederick Townsend Ward）纪念碑，上海，1923年。图片来源：邓明主编《上海百年掠影》（上海：上海人民美术出版社，1992年）：53页。

图1-33 建筑师待考："开国元勋蒋翊武先生就义处"纪念碑，桂林，1921年。图片来源：蒋祖烜先生摄赠，2007年。

辛亥革命以后，中国各地采用各种西方建筑造型的纪念碑设计更多，如广州黄花岗烈士墓地就堪称是一个各种外来风格纪念碑的博物馆。但各种碑中似以方尖碑模式最为普遍，其中包括前述的黄兴墓、蔡锷墓，以及1921年国民党人为辛亥革命元勋蒋翊武（1885~1913）建立的就义处纪念碑（图1-33），1926年6月23日广州市政府为纪念一年前的"沙基惨案"而建的"毋忘此日"碑。这首先是因为作为一种外来的建筑形式，它本身所具有的时代象征性。其次,方尖碑的挺拔形体还可使它比大多数中国传统的石碑更能象征被纪念对象的崇高与伟大。第三,它具有四面相同的形体,适合于公共空间的多角度观看。第四,它在技术上还因造型简洁而具有易于制作的特点。此外,方尖碑在中国较之其他外来纪念碑形式更为流行应该还有文化方面的原因,这就是它所具有的与中国传统碑石相似的垂直和平整表面。这一表面使它可与中国碑刻的书法传统,尤其是竖直书写的方式相结合,用于题写碑名和书写其他文字。而这一特点对于素来强调用文字记录和通过文字阅读历史的中国社会尤其重要。在碑体上题写碑铭的展示方式也使中国的方尖碑有别于其西方本源。

成都辛亥秋保路死事纪念碑是民国初期一个重要的纪念碑(图1-34)。据徐苏斌调查,该碑由留日的工程师王楠设计,1913年建成。碑的通高为31.85米,构图上从下至上可分三段,下部为刻有纪念浮雕的三层碑座,中部为方尖碑式的碑身,上部为以五座小宝塔作为装饰的碑顶。[1]方尖碑虽然是18世纪以来西方纪念碑的主要形式之一,但类似保路死事纪念碑的构图在中国和日本都无先例,因此建筑师设计的依据便值得进一步查考。对照美国建筑师H.R.Searle约在1897年所作的一个华盛顿纪念碑设计方案(图1-35),似可发现它们之间的高度相似性。[2]潘光哲认为,作为美国独立和自由民主制度的奠基人,华盛顿在近代中国也成为一个呼唤革命的动力。如1903年同样来自四川,并也曾留学于日本的革命家邹容在其著名的《革命军》一书中就倡言,要"使中国大陆成干净土,黄帝子孙皆华盛顿"。[3]以一座华盛顿纪念碑为参照因此便体现了四川保路运动死难者纪念碑的设计

---

[1] 有关该纪念碑的介绍,见徐苏斌:"清末四川与日本的交往之研究——留日的铁路学生、雇用日本技术者与成都'辛亥秋保路死事纪念碑'",张复合主编《建筑史论文集》,第13辑(北京:清华大学出版社,2000年):46-61页。

[2] Nikolaus Pevsner: A History of Building Types(Princeton: Princeton University Press, 1976), p.22.

[3] 潘光哲:"'华盛顿神话'在晚清中国的创造与传衍",黄东兰主编《身体心性权力》(杭州:浙江人民出版社,2005年):43-76页。

图1-34 王楠:辛亥秋保路死事纪念碑,四川成都,1913年。图片来源:成都群众艺术馆编《成都风光》(成都:四川人民出版社,1959年):无页码、图号。

图1-35 H.R.Searle:一座华盛顿纪念碑的设计,约1897年。图片来源:Pevsner, Nikolaus: *A History of Building Types*(Princeton:Princeton University Press,1976):22。

者对于该碑的象征意义的认同及其与中国革命的相关性的认知。另外,该碑选址在清代八旗军驻防的"满城"之内,又在文昌阁、少城书院、关庙以及昭忠祠的西侧(图1-36)。初始的设计还包括飨殿和祭坛,后因川政多故而未能实现。[1]中国的传统建筑大多不超过二层,城市的天际线大多也因此而平缓。可以想象,这一纪念碑在建成之初所呈现的视觉震撼力。显然,建筑筹划者有意用这一为民国烈士修建的纪念碑占领满城的空间,并以其高大的体量超越前朝几座重要的礼制建筑。

---

[1] "四川省成都全图(1910年左右)",《近代中国城市地图》(柏书房,1986年);王泽枋:"保路死事纪念碑设计二、三事",成都市建筑志编纂委员会编《成都市建筑志》(北京:中国建筑工业出版社,1994年):325-326页。转见徐苏斌:"清末四川与日本的交往之研究——留日的铁路学生、雇用日本技术者与成都'辛亥秋保路死事纪念碑'"。

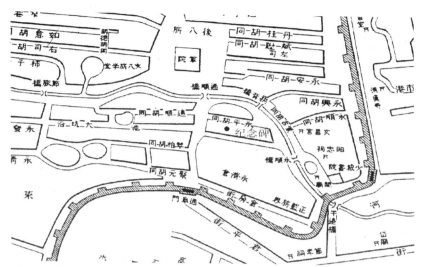

图1-36 辛亥秋保路死事纪念碑选址。图片来源：徐苏斌，"清末四川与日本的交往之研究——留日的铁路学生、雇用日本技术者与成都'辛亥秋保路死事纪念碑'"，张复合主编《建筑史论文集》，第13辑（北京：清华大学出版社，2000年）：53页。

换言之，即是用新的象征符号改变城市空间旧有的意义。

另一个著名的纪念碑是中山陵和中山纪念堂的设计者吕彦直建筑师设计的广州中山纪念碑。1926年1月，国民党第二次全国代表大会在广州举行。为了表达对于已故总理的忠诚，会议决定在广州的制高点观音山（现越秀山）上建立一座表示接受孙中山遗嘱的纪念碑。该碑高达120英尺（36.6米），全部用花岗岩砌筑，由一个高大的平台和平台之上的碑身两部分组成，所以又被称为纪念塔（图1-37a~c）。碑身造型似方尖碑形，因四角均有弧线形的扶壁墙，所以外轮廓呈曲线，与中国建筑屋顶的曲线造型有所关联，更显出巴黎埃菲尔铁塔的特点，令人想到建筑师童年在巴黎生活的经历。碑的正面上方为国民党党徽，党徽下为大字镌刻的孙中山遗嘱全文，在遗嘱下端的碑座上刻"中华民国十五年一月四日中国国民党接受总理遗嘱决议案，中国国民党第二次全国代表大会谨以至诚接受总理遗嘱并努力以实行之。"

图1-37a　吕彦直：广州中山纪念碑设计图，1926年。图片来源：《良友（孙中山先生纪念特刊）》，1926年11月：47页。

图1-37b　吕彦直：广州中山纪念碑透视图，1926年。图片来源：The China Weekly Review, Oct.10, 1928：68。

（图1-37d~e）纪念塔在1930年4月竣工。[1]

需要说明的是，直至民国中期，在新形式的纪念碑不断出现的时候，以石碑和石坊为纪念碑的中国传统并未消亡。1929年6月3日，清华大学研究院师生还树立了"海宁王静安先生纪念碑"，纪念两年前沉昆明湖自尽的导师王国维（1877~1927年）（图1-38）。设计者梁思成所采用的形式就是传统石碑。

---

[1] 参见拙文："城市的功能改造、格局改造和空间意义改造及'城市意志'的表现——20世纪初期广州的城市和建筑发展"，"广东与二十世纪中国美术"国际学术研讨会组织委员会编《'广东与二十世纪中国美术'国际学术研讨会论文集》(长沙：湖南美术出版社，2006年)，1-28页。有关报道见："粤秀山纪念碑已竣工"，《（广州市市政府）市政公报》，第349号，1930年4月；"广州总理纪念塔行将落成"，《时事新报》，1930年12月15日。

图1-37c~e 吕彦直：广州中山纪念碑，广州，1921~1934年。图片来源：本文作者摄，2002年。

图1-38　梁思成：海宁王静安先生纪念碑，北京，1929年。图片来源：本文作者摄，2002年。

同年美国圣公会创办的上海圣约翰大学为纪念建校50周年建造了一座纪念碑,它的造型是中国式的四柱三间石坊(图1-39)。1932年"一·二八"淞沪战争之后,交战激烈的上海庙行、大场、高境、马桥、嘉定等地区还建立了多座纪念石坊,以纪念阵亡的抗日将士,如大场纪念坊、娄塘纪念坊、高境纪念村牌坊、庙行纪念村牌坊、嘉定纪念村牌坊。[1]

图1-39　建筑师待考:上海圣约翰大学建校50周年纪念碑,上海,1929年。图片来源:Deke Erh, Tess Johnston, eds., *Hallowed Halls: Protestant Colleges in Old China*(Hong Kong:Old China Hand Press,1998):86.

五、纪念雕像

如果说中国传统的纪念物的识别性在于它们的类型特征,现代纪念雕像的识别性则在于像与被纪念者"形"或"神"的相像。观者对于前者的接受主要靠阅读,即读碑坊上抽象的文字,而对于后者的接受则靠感知,即对于形象(icon)的识别。在中国历史上,出现在公共空间的造像多是宗教的神祇和与之陪伴的赞助人,而出于纪念目的塑造的个人形象最初出现于西方列强在华的租界地。如1865年上海的法国侨民首先依西方传统在法租界公馆马路(现金陵东路)法公董局大楼前为在与太平军的战斗中阵亡的法国水师提督卜罗德(Auguste Léopold Protet,1808~1862年)树立了铜像(雕塑家待考),之后英美的公共租界也建造了一系列铜像,其中包括位于南京路外滩的第八

---

[1] 薛理勇《外滩的历史和建筑》(上海:上海社会科学院出版社,2002年):251-255页。

图1-40 Charles Guernier：赫德铜像，上海，1914年。图片来源：邓明主编《上海百年掠影》（上海：上海人民美术出版社，1992年）：53页。

任英国领事巴夏礼（Sir Harry Smith Parkes，1828~1885年）的铜像（雕塑家待考，1890年4月8日立）和在二马路（今九江路）外滩为曾担任中国海关总税务司长达48年之久的赫德（Robert Hart，1835~1911年）所立的铜像（雕刻家Charles Guernier，1914年5月25日落成）（图1-40）。[1]

这些纪念雕像对建筑设计的影响或许不大，但却极大地影响了现代中国的城市空间。不同于置于封闭庙祠空间中等待观者前去朝拜、祭祀的抽象神主抑或偶像和画像，这些纪念雕像进入了城市的公共空间，如广场街心和园林公墓，从而成为公众社会生活中的"参与者"。他们表现了被纪念对象的个性形象，继而引发观者追询他们的生平与业绩。这些雕像体现出现代公民社会对于彰显其杰出精英、普及共同价值观念，和通过保存集体记忆塑造社群认同的努力。

写实手法的公共雕像从20世纪初开始被中国人接受。1906年德国克虏伯兵工厂向上海徐家汇海格路（今华山路）李公祠赠送的李鸿章铜像（雕塑家Otto Lang）是最初的实例之一（图1-41）。[2]这尊铜像

---

1 薛理勇《外滩的历史和建筑》（上海：上海社会科学院出版社，2002年）：255-61页。有关赫德雕像，见："Founder of Modern Post of China," http://filatelist.tripod.com/hart.html。关于上海外滩作为公共空间的形成，见：Yingchun LI," Shaping the Bund: Public Spaces and Planning Process in the Shanghai International Settlement, 1843-1943," 14th IPHS CONFERENCE 12-15 July 2010 Istanbul-TURKEY, http://www.iphs2010.com/abs/ID384.pdf。

2 韩栽茂："李鸿章与克虏伯的历史情缘"，《中华遗产》，2005年第3期：122-132页。

第一篇 旧新共存和中西交织下的民国早期礼制建筑及纪念物概论 73

图1-41 Otto Lang：李鸿章铜像，上海，1906年。图片来源：留伯仙编著《晚清明信片集萃》（北京：东方出版社，2003年）：?页。

立于祠堂之前，表现了这位中国洋务运动的领导人，身着官服，左手把刀，右手叉腰，正踌躇满志地眺望着远方。李鸿章像因此也当是中国第一个走出祠堂，进入城市公共视野的名人雕像。以雕像或铸像为纪念碑的做法在民国建立之后更为普及。如在上海地区，1917年10月，川沙县浦东中学为该校创办人杨斯盛（1851~1908年）树立铜像（雕塑家待考），以纪念他于1907年毁家办学的善举；1926年南洋公学（今上海交通大学）树立了该校创办人盛宣怀（1844~1916年）的铜像（雕塑家待考）；1930年，澄衷中学也为学校的创办者叶澄衷（1840~1899年）树立了铜像（雕塑家待考）。另外，曾首创上海地方自治，并在辛亥革命以后担任过沪军都督府民政总长，兼任江南制造局总理、江苏都督府民政长的李平书（1854~1927年）逝世后，地方人士也曾为他铸像（江小鹣），立于上海老城隍庙九曲桥荷花池中。[1]

1929年为虎门销烟90周年。年初，广东省有议用纪念碑的方式

---

[1] 参见：亭子间爷叔："老上海的纪念建筑和雕塑（三）"，《东方博客网》，2010年1月25日，http://blog.eastday.com/shsh/art/985938.html。感谢卢永毅教授提供这一资料。

来纪念林则徐这位民族英雄。¹而此前稍早，1928年12月16日，驻比利时全权公使并国际联盟顾问会中国委员王景歧建议为林则徐铸像。他说："明岁（民国十八年）阳历6月3日正届90年纪念之期，既值我政府我国民万众一心，谨遵总理遗训，誓死拒毒之时，又应中原志士'劫运不满百年'之语，以请国民政府及期明令褒扬，俾国人正式纪念，并恳准予社会集资就虎门海边销毁鸦片旧址铸像立碑，以志不朽。国中亦可乘此崇德报功之举，集合民心，景仰哲人，同除外害，道德循轨，精神革新，万国闻声，必生敬警。如何[荷]贵会赞成，着手进行，俾早有成，实为铭激，除电国民政府外交部、禁烟委员会，及福建、广东省政府外，特达敬盼示复。"²

不应忽视的是，这项为林则徐铸像立碑建议的提出恰逢中国社会破除迷信、捣毁偶像运动之时。仅如1928年12月21日一天，上海宝山神祠存废协进委员会就捣毁了神祠8所，其神像木偶共百余座，悉数焚毁。³而《时报》对1929年1月13日在宁波举行的"破除迷信大会"的报道和1929年4月30日《北平晨报》的"学生打倒龙王"的报道，更生动地记录了当时人们对于传统宗教偶像必欲除之而后快的态度。宁波的破除迷信大会"在中山公园举行，到各界代表暨各校童子军等千余人。由市指委陈伯昂、鄞县陈宝麟等相继演说，旋即整队出发游行，由市指委姜伯嗜临时报告云，我们今天是根据党政军警法联席会议议决案来进行破除迷信运动大会。先打倒东岳宫都神殿、丰都殿的菩萨……城隍庙我们也要打倒的……不但城隍要打倒，不论什么菩萨都要打倒。打倒偶像是国民政府内政部命令，云云。继由游行总指挥在天虹……等为先导，四中、效实商校、一女小、工整会、商协会、农协会、学生会、市县妇协会、海员工会、对日会，各机关约计千余人，

---

1 "广东将建林文忠公纪念碑"，《时事新报》，1929年2月23日。
2 "为林则徐铸像，王景歧建议国府"，《时事新报》，1929年1月15日。
3 "宝山捣毁神像"，夏东元主编《二十世纪上海大博览》（上海：文汇出版社，1995年），61页。

出发游行，直至东岳宫……开始工作，两校童子军均用木棍向二庙偶像用力捣毁，东岳宫大殿有暖阁一座，中有东岳大帝，当时总指挥庄天虹，即奋勇至阁，劈下东岳大帝之首，后至都神殿，见偶像均已不翼而飞，故无从捣毁，遂整队至东门街散会。"[1]而北京的报道说，"北平大学农学院学生会，前为增进工艺智识，藉资实地实习起见，特组设一土木工程队，并占用农林试验场外附近龙王庙内为事务所，以资办公，嗣以该庙内尚供奉之龙王塑像，既属有碍观瞻，且妨害办公，当此破除迷信时代，此项偶像，未便再行保存，故于昨日由该校土木工程队学生等一百余名，立将该庙内正殿供奉之神像十余尊，实行捣毁，复将该庙匾额供器等物，俱皆焚毁云。"[2]

在此，为民族英雄建碑立像的诉求与铲除封建偶像的行动形成了鲜明的对比，反映了新的民族国家对于重新建立新的崇拜体系甚至信仰体系的需要。1920年蔡元培在纪念徐锡麟时还曾说："近世科学昌明，破除一切，凡古代所尊仁道偶像，皆失所凭借，不足以羁縻人心，而独于伟人烈士，其丰功盛业，震烁一世者，往往铸像立墓，垂传久远，使过者展拜[原文]，油然起钦慕之思，徘徊而不忍去。此则仁人志士怀德追远之义，非所谓信神道而迷信偶像者也。"[3]他所说的"使过者瞻拜"和"怀德追远"，恰是现代纪念雕像的功能所在。

随着政权的逐步巩固，国民党人也开始为自己的杰出分子塑像，表立于城市的公共空间或重要机构的广场。其中著名者包括上海宋公园（今闸北公园）树立的宋教仁石雕坐像（雕塑家待考，1924年），广州的程璧光（1861~1918年）铜像（雕塑家待考，1921年）、伍廷芳（1842~1922年）铜像（李金髮，1929年）和邓铿（1885~1922年）铜像（李金髮，1934年）；北平中山公园的王金铭、施从云铜像（雕

---

1 "宁波破除迷信大会，东岳庙偶像捣毁"，《时报》，1929年1月16日。
2 "学生打倒龙王"，《北平晨报》，1929年4月30日。
3 蔡元培："徐烈士祠堂碑记"，1920年10月10日，中国蔡元培研究会编《蔡元培全集（四）》（杭州：浙江教育出版社，1997年）：198页。

塑家待考，1928年）[1]，以及蔡公时雕像与济南惨案烈士纪念碑（雕塑家待考，1928年）[2]；镇江赵声铜像（雕塑家待考，1929年）；杭州于西湖畔树立的陈英士（1878~1916年）戎装骑马铜像（江小鹣，1929年）（图1-42a~b），以及武汉的黄兴铜像（江小鹣，1934年春）（图1-43）和蒋介石戎装骑马铜像（江小鹣，1935年7月1日揭幕）。[3]

图1-42a　"浙省政府第二次审查先烈陈英士铜像之大模型，图中左下角为陈蔼士君（英士之兄！，后为江小鹣，右下陈希曾，及高坐者为杭州公务局长朱有卿君也。"图片来源：《上海漫画》，第36期，1928年12月22日（2）。

图1-42b　石世磐摄，"浙江省政府为先烈陈英士先生建立铜像于西湖之滨，由美术家江小鹣承造，业已竣工，装置完妥，开吾国自制铜像之始。"图片来源：《上海漫画》，第59期，1929年6月8日（3）。

1　王、施为辛亥革命滦州起义的大都督和总司令。参见"北平特别市工务局关于将中山公园社稷坛前施、王两烈士铜像移设安水榭和申报移设款项的呈及市政府的指令等"，1928年12月~1929年5月，北京市档案馆档案：J17-1-328。

2　"蔡公时与济案烈士纪念碑"，《良友》，第32期，1928年11月：12页。

3　关于江小鹣的雕刻作品及武汉近代的城市雕塑，参见张天洁、李泽、王天波："空间的纪念：江小鹣与近代武汉的城市雕塑"，《装饰》，2010年7月，122-124页；张天洁、李泽："纪念、空间与权力：解读武汉近代的城市雕塑"，《建筑学报》，2010年10月，154-158页。相关报道还可见："陈英士铜像将行奠基礼"，《申报》，1928年8月28日；"汉市民崇德报功，蒋委员长铜像揭幕，吴国桢主席、张学良等致词"，《申报》，1935年7月2日。

图1-43　江小鹣：黄兴铜像，武汉，1934年。图片来源：周才志，陈红梅主编，武汉市城市建设档案馆编《武汉城市雕塑》（武汉：湖北美术出版社，2007年）：106页。

众所周知，武昌起义由清末另一个革命团体共进会与武汉新军中的革命分子文学社成员所发动。黄兴虽然是武昌起义之后指挥武昌保卫战的总司令，但他并未参与首义。他还在1914年二次革命之后不满孙中山归责于他并抵制孙在成立中华革命党时为加强权威而要求党员发誓、按指模表示效忠，为此与孙分手。此时武昌立像，首先是国民党人对于武昌起义历史的重新书写，即强调国民党人对于辛亥革命的领导。同时蒋介石还借助于为铜像题写"黄克强先生像赞并叙"[1]，强调了黄对孙的"倾诚翊戴"，以及他"兼容并包之量，忍辱负重，推己及人，不务近名，不居成功，其磊磊落落，不激不挠之概"。他称黄兴为"国人之先觉"和"吾党所依归"，反映出"新生活运动"中他对于民众和国民党员拥戴领袖及克己奉献精神的提倡。

---

[1] 刻于铜像基座。

毋庸置疑，民国期间中国各地最为普遍的纪念雕像当属新的政治偶像孙中山的像。1925年3月12日孙中山逝世之后，各地便纷纷倡议为他造像。从1929年到1931年，孙中山生前的日本友人梅屋庄吉先后三次来华，捐赠了4尊造型相同的孙中山铜像[1]，分别立于南京中央陆军军官学校（1929年立，1942年移南京新街口广场，现在中山陵藏经楼前）（图1-44）、广州黄埔军校（1930年立）、

图1-44 "中央军事学校前面总理铜像开幕礼摄影"，南京，1929年。《良友》，第41期，1929年11月：3页。

---

1 "日人梅屋庄吉铸送总理铜像今晨到，王大桢赶来照料摄制电影"，《时报》，1929年3月4日。

中山大学（1931年立）（图1-45a，b）和中山县孙中山故居（1931年立，1938年移澳门）。这些铜像将一种空间资源转变成为一种政治资源，一方面提高了这些与孙中山生平密切相关的地点的神圣性，另一方面体现了国民党人用他的思想控制军队和占领文化领域的意愿。

紧随南京和广东，武汉和上海这两座民国重要城市也都树立了孙中山铜像。武汉有两尊，分立武昌国民党总部前和汉口三民路与民族、民权两路的会合处，1931年10月10日（民国成立纪念日）和1933年6月1日（孙中山奉安日纪念日）落成。上海的铜像位于江湾市中心区行政区域市府大楼前，1933年11月12日

（a）

（b）

图1-45a，b　梅屋庄吉（赠），筱原金作工场造：中山大学孙中山铜像，广州，1931年。图片来源：本文作者摄，2002年。

（孙中山诞辰纪念日）落成。这三座铜像均出自著名雕刻家江小鹣之手。另据陈蕴茜，"1930年代，全国各地普遍建造孙中山像。"当时"各地兴起建造中山公园热。纪念公园最显著最经典的布置当属被纪念者的塑像，孙中山铜像或塑像遂成中山公园内最重要的

景观。"¹ 如果说南京紫金山的中山陵和北平香山的孙中山衣冠冢代表了已故总理在两座城市中留下的"真身"和"圣迹",其他城市则借助铜像宣示了他的身影在各自空间中的存在。

如同南京中山陵中法国著名雕刻家保罗·朗特斯基（Paul Landowski）雕造的大理石孙中山坐像（图1-46）和旅沪捷克艺术家高祺（Bohuslav J.Koci）雕刻的大理石孙中山卧像（图1-47），这些雕像都通过服装贡献于孙中山的身份塑造：梅屋庄吉捐赠的孙中山铜像着西装，这当是他对孙中山作为一名"世界之伟人，可供世界人民之崇拜"的想象²；高祺和江小鹣塑造的孙中山着中山装，当是表现孙中山作为国民党总理的政治家形象；而江和朗特斯基又塑造了身着长袍马褂的孙中山，这一装束则可被视为"国父"孙中山的文化象征。³

尤其值得注意的是，与广州、上海、杭州以及北平相比，首都南京的纪念雕像仅限于孙中山而缺少其他城市的多元性。似乎国民党人在此更强调政治象征的一元性，而这种一元性是一个正力图从地方和派系的争斗中走向政治统一的民族国家的需要。⁴

图1-46　朗特斯基（Paul Landowski）：中山陵孙中山坐像，南京，1930年。图片来源：本文作者摄，2002年。

1　陈蕴茜《崇拜与记忆——孙中山符号的建构与传播》（南京：南京大学出版社，2009年，下同）：341页。

2　"日人梅屋庄吉赠运总理铜像抵粤"，《中央周报》，第105期，1930年6月9日。

3　另请参见拙文："中山陵祭堂孙像基座浮雕正名"，《中国建筑文化遗产》，第1期，2011年8月：77-79页。

4　另请参见 Fitzgerald, John, *Awakening China: Politics, Culture, and Class in the Nationalist Revolution*（Stanford: University of Stanford Press, 1996）。

图1-47　高祺（Bohuslav J.Koci）：中山陵孙中山卧像，南京，1930年。图片来源：本文作者摄，2002年。

六、纪念堂

在中国近代的纪念建筑中，作为会堂建筑的中山纪念堂当是最有别于传统的一种类型。这是因为，庙、祠、墓、碑和像都是生者对死者的奉献，而用会堂纪念孙中山则是在保持了祭祀空间的庄严气氛的同时，还希望生者继续接受死者的教导。

现代会堂空间具有若干与戏园和会馆等传统集会空间截然不同的特点。首先，它清楚地界定了讲演者和听众各自的空间区域，二者相向而处，形成直接的交流关系。其次，面向讲台平行排列的座椅赋予听众席一种秩序性，它使得讲演者可以感受到自己对于听众的控制，同时获得在空间中的权威感。第三，讲演者在空间中的位置由于讲台而得到加强，他/她面对观众，不仅是空间中的视觉焦点也是空间中的信息来源，而声学方面的设计也强化了讲演者的声音在空间中的传播，因此讲演者对听众的宣讲压制了观众之间的交流，于是空间中的交流变成单向。会堂因此可以被称作为一种大型的宣讲空间，它使得一个大的群体可以被教育，而在这个过程中讲演者与听众、领导者与被领导者的关系被明确界定。会堂建筑体现了一种新认识，这就是利用空间来促进大众教育。以一座会堂建筑纪念孙中山，它体现了一种将对孙中山个人的纪念与对他的思想的宣传相结合的努力。[1]

建造孙中山纪念堂的动议却源自中国为忠烈和先贤建造专祠的传统。1925年3月12日孙中山逝世后，湖北省议会数位议员主张在"各省烈士祠添供中山神主"；[2] 3月28日，重庆军政学商工农各界及国民会议促成会、国民党发起孙中山先生追悼大会，"议定建筑专祠"，"永志纪念"。[3] 3月31日《广州民国日报》发表的一项倡议更清楚地把为孙中山建造纪念建筑的想法与传统祠庙联系在一起。倡议说："中山先生为中国之元勋，他的自身，已为一个'国'之象征，为他而建会堂与图书馆，定可把'国'之意义表现无遗。家族时代的人建祠祀祖，今日非有国无以生存，然则我们何可不建一纪念国父之祠也；神权时代的人，建庙以拜神，今日非革命不足以图存，然则我[们]何可不建庙以纪此革命之神也；昔日祀祖、拜神，今者爱戴国父，纪念革命之神同是一理；不过今日的热诚用在更有用的一方罢了；爱你的国父，如爱你的祖先一样，崇仰革命之神如像昔日之神一样，努力把'国'

1　参见拙文："中山纪念堂——一个现代中国的宣讲空间"，见乐正维、张颐武主编《反思二十世纪中国：文化与艺术——纪念何香凝诞辰130周年国际学术研讨会文集》（广州：岭南美术出版社，2009年）：153–166页。

2　"湖北追悼中山会之筹备"，天津《大公报》，1925年3月23日。转见：陈蕴茜《崇拜与记忆——孙中山符号的建构与传播》：350页。

3　"重庆追悼孙中山大会筹备处陷电"，天津《大公报》，1925年4月4日。转见：陈蕴茜《崇拜与记忆——孙中山符号的建构与传播》：350页。

之意义在建筑中表征之出来，努力以昔日建祠庙之热诚来建今日国父之会堂及图书馆！"[1]

广州将中山纪念建筑定名为"纪念堂"当在1925年4月初。[2]这一词来自英文的memorial。1905年，清政府派戴鸿慈等五名大臣前往欧美九国考察君主立宪及共和制度。他在记述和翻译哈佛大学为纪念该校牺牲于美国南北战争学生而建的The Memorial（Ware and Van Brunt，1878年）用的就是这个词。[3]但中山纪念堂的定名者或许还参考了1922年刚刚落成的美国华盛顿的Lincoln Memorial（Henry Bacon，1911~1922年），它在中国的译名是林肯纪念堂。

纪念堂的出现伴随着国民党一种新的礼仪制度的形成。1925年3月31日，国民党在南京的中央执行委员召开全体会议，通过接受"总理遗嘱"的议案，并训令各级党部，"每逢开会，应先由主席恭诵总理遗嘱，恭诵时应全体起立肃听。"1925年4月，建国粤军总部也制定了类似的仪礼，并称之为"总理纪念周"。次年1月，国民党第二次全国代表大会正式认可了这个仪式，要求在全党推广。[4]"纪念周"意在模仿基督教礼拜仪式，每周一上午举行。[5]其程序包括肃立、向孙中山遗像三鞠躬、恭读"总理遗嘱"、背诵孙中山的其他言论、在孙中山遗像前报告党务等。"纪念周"并非如祭祀仪式那样单向地向孙中山致敬，还是一种场合，在其中纪念者与被纪念者的不朽灵魂相互沟通并接受其督导。孙中山像和孙中山遗嘱也成为新的纪念空间中的

---

1 曙风："国人应以建祠堂庙宇之热诚来建国父会堂"，《广州民国日报》，1925年3月31日。

2 "省署筹集纪念堂专款办法"，《广州国民日报》，1925年4月2日；"纪念堂地点问题之讨论"，《广州国民日报》，1925年4月11日。

3 戴鸿慈《出使九国日记》（长沙：湖南人民出版社，1982年）：100–110页。

4 李恭忠："'总理纪念周'与民国政治文化"，《福建论坛（人文社会科学版）》，2006年第1期：56–60页。

5 陆宝千："戴季陶先生的未竟之业——制礼作乐"，朱汇森主编《戴传贤与近代中国》（台北：国史馆，1989年）：87–100页。

图1-48 国民党二届五中全会会场，1928年8月。图片来源：《良友》，总第二期，1928年8月：7页。

两个基本要素（图1-48）。[1]

在加强对孙中山思想宣传的同时，国民党也开始压制其他声音。1926年10月22日的《广州民国日报》曾报道："联军总司令部开会，本省地属冲要，商业殷繁，诚恐良秀[莠]不齐，亟宜严加警戒，以安良善……查上海地方杂处，往往有奸宄之徒，假借名义，聚众开会，滋生事端，本督办以防微杜渐起见，特予严申诰诫。现在军事期内，无论以何种名义，一律不准开会游行，十月十日国庆纪念，亦只许悬旗庆祝，仍不得有开会演讲等情事。除分饬军警严加防范外，合行布告，仰合埠商民人等一体遵照。如敢故违，严究不贷。"[2]

能够容纳5000名观众的广州中山纪念堂无疑是中国同类建筑中最大也最著名者（图1-49a~b）。有关其建筑设计上的创新和对于广州城市空间乃至南京首都计划和大上海市中心区域设计方案的影响，笔者已有专文讨论。[3]不过笔者所知最早的中山纪念堂是由传统礼制建筑改造而成的，这就是1926年11月湖南醴陵县党部将原议会旧址文庙

---

1 参见拙文"探寻一座现代中国式的纪念物——南京中山陵设计"，范景中、曹意强主编《美术史与观念史》，第4卷，2005年：159-208页。
2 "剑戟森严中之上海双十节，不准集会游行"，《广州民国日报》，1926年10月22日。
3 参见拙文："中山纪念堂——一个现代中国的宣讲空间"，见乐正维、张颐武主编《反思二十世纪中国：文化与艺术——纪念何香凝诞辰130周年国际学术研讨会文集》（广州：岭南美术出版社，2009年）：153-166页。

第一篇 旧新共存和中西交织下的民国早期礼制建筑及纪念物概论

图1-49a 吕彦直：广州中山纪念堂，广州，1921~1934年。图片来源：本文作者摄，2011年。

图1-49b "广州国民党第四次全国代表大会于12月5日行闭幕礼"，《申报图画周刊》，第81号，1931年12月13日。

图1-50　建筑师待考："南通市行政局新近改建之中山堂"，江苏南通，1928年。图片来源：《时报》，1928年10月27日。

图1-51a　杨锡镠绘："在建筑中之梧州中山纪念堂"，1928年。图片来源：《时报》，1928年11月10日。

中的明伦堂改建的中山堂。[1]而笔者所见最早的中山纪念堂图像是1928年10月27日《时报》刊登的"南通市行政局新近改建之中山堂"照片（图1-50）。这是一座五开间的双坡顶平房。作为正入口，当心间加建了一个四柱三间的希腊神庙式抱厦。它的立柱上书有标语，还在山花上装饰了国民党党徽。

在中国新建的中山堂中，广西梧州中山纪念堂堪称最早（图1-51a）。1925年4月梧州各界开始筹建中山纪念堂，所提理由有三："（一）孙中山先生为创建中华民国元勋，吾人为崇德报功起见，应有纪念堂以垂永久。（二）孙中山先生既有大功劳于国家，应建纪念堂使后人瞻仰，且时常得有感触，知到（道）孙先生创业之艰难。（三）梧市市内向无集会之地方，现拟建筑大规模之纪念堂，俾市民有地方常时得集会之便利。"[2] 由此可见，此时"纪念堂"概念的内涵已经与林肯纪念堂有所不同，即它不再仅仅是一个供民众瞻礼伟人的场所，而是一座会堂，

1　陈鲲修、刘谦纂《醴陵县志》，建筑志·公署，1948年。转引自陈蕴茜《崇拜与记忆——孙中山符号的建构与传播》：353页。

2　"梧州各界筹建中山纪念堂"，《广州民国日报》，1925年4月27日。

图1-51b 杨锡镠：梧州中山纪念堂立面图，1928年，2000年重绘。图片来源：梧州中山纪念堂管理处。

用于集会、演讲和教育民众。

梧州中山纪念堂于 1926 年 1 月 15 日奠基，由国民党主席汪精卫亲自主持。[1] 1928 年 7 月 10 破土动工，1930 年 10 月建成。[2] 它位于老城北山山顶之上，由建筑师杨锡镠设计。杨 1922 年毕业于上海南洋大学土木工程科。1923 年至 1925 年任上海东南建筑公司工程师，后合办上海凯泰建筑公司，改行建筑设计。或许由于其大学时的校长凌鸿勋时任梧州市工务局局长[3]，1927 年至 1929 年杨赴广西任省政府物产展览会筹备处建筑科长、建设厅建筑师。[4] 他所设计的中山纪念堂平面呈丁字形，南北长 35 米，东西宽 44 米，总面积 1330 平方米（图 1-51b），其中礼堂观众席长宽约为 23 米 × 17.5 米，上下楼座可容纳

1　"梧州举行中山纪念堂奠基礼汪主席之演说词"，《广州民国日报》，1926 年 2 月 2 日。

2　黄裕峰："梧州中山纪念堂简介"，台湾《国父纪念馆馆刊》，第 18 期，2006 年 11 月：154-157 页。

3　凌鸿勋任梧州市政府工务局长是从 1927 年夏天至 1929 年 2 月。见沈云龙访问，林龙士、蓝旭男纪录《凌鸿勋先生访问纪录》（台北：中央研究院近代史研究所，1982 年）：51-56 页。

4　参见许窥豹："南京饭店建筑师杨锡镠君小史"，《时事新报》，1932 年 10 月 21 日；赖德霖主编，王浩娱、袁雪平、司春娟合编《近代哲匠录》（北京：中国水利水电出版社、知识产权出版社，2006 年）：194-195 页。

近千名观众(图 1-51c)。沿南北中轴线为门厅和礼堂,门厅的左右两侧为展厅或办公室,并有楼梯通二楼。这座纪念堂在立面上东西对称,正中入口为三开间的凯旋门形,入口上方为高耸的钟楼,可以俯瞰市区,使建筑更具有地标性(图 1-51d)。

值得注意的是,1928 年,就在杨锡镠设计梧州中山纪念堂几乎同时,他还完成了另一个"宣讲空间"——上海中华基督教会窦乐安路(今多伦路)鸿德堂(Fitch Memorial Church of the Church of Christ in China on Darroch Road)的设计。[1]鸿德堂采用英国教区教堂(Parish Church)的形制,也在入口处设有钟楼(图 1-52)。[2]梧州中山纪念堂的礼堂设计采用了与鸿德堂相似的矩形平面和镜框式舞台,但建筑外观和钟塔造型却不同于后者的中国风格。其造型略呈摩西古典风格。而入口的凯旋门构图,和钟塔从方形平面过渡到八角形鼓座,最后以穹隆收束的做法在当时中国非常少见,令人想到美国内布拉斯加州议会大楼(Bertram Grosvenor Goodhue: Nebraska State Capitol, Lincoln, 1920~1932 年),该建筑当时虽未完全竣工,但其以古典建筑要素结合哥特建筑构图的设计自其竞赛获奖之时已经受到普遍赞扬(图 1-53)。[3]梧州中山纪念堂的现代风格迥异于凌鸿勋担任过竞赛评委的南京中山陵,也不同于当时南京国民政府在南京和上海等地更多政府建筑中所追求的"中国固有式",甚至还与同属广东省政府辖区的广州的中山纪念堂构成对比。这或许是因为,梧州并非民国政治的中心,且正当现代化建设之

---

1 The Chinese Recorder 60, no.1 (Jan.1929): 封二。
2 参见拙文:"梁思成'建筑可译论'之前的中国实践",《建筑师》,第 137 期,2009 年 2 月:22-30 页。
3 如 1924 年出版的英国建筑名著《建筑构图原理》(Howard Robertson, The Principles of Architectural Composition, London: The Architectural Press, 1924)就有分析图(Fig.94)介绍该建筑立面的等边三角形构图。1949 年以后,杨在北京市城市规划管理局(后北京市建筑设计研究院)的同事张镈设计的北京民族文化宫(1959 年)也参照了这一建筑。

图1-51c 杨锡镠：中山纪念堂室内，梧州，1928~1930年。图片来源：本文作者摄，2008年。

图1-51d 杨锡镠：中山纪念堂钟塔，梧州，1928~1930年。图片来源：本文作者摄，2008年。

图1-52 杨锡镠：中华基督教会窦乐安路鸿德堂，上海，1928年。图片来源：本文作者摄，2008年。

图1-53 Goodhue, Bertram Grosvenor: Nebraska State Capitol, Lincoln, 1920~1932年。图片来源: The Architectural Record 60, no.3（Sep., 1926）: 87.

初[1]，政府和民众更希望通过中山纪念堂表现其革新愿望和另一种对于现代中国建筑的想象，因而促使建筑师从新的范式中寻求借鉴。

据陈蕴茜的不完全统计，民国时期全国中山纪念堂有314座。[2] 而内政部营建司还在1940年代设计绘制的《内政部公私建筑制式图案》中包括了甲、乙、丙三种规模不同的中山堂制式图供各地参考。其中甲、乙两种制式在平面格局上都采用与梧州中山纪念堂相仿的丁字形，但未设楼层（图1-54a~b）。[3] 不过，各地中山纪念堂并非

---

1 关于梧州近代的城市建设，另请参见李百浩、李季："孙中山实业计划思想与广西近代城市建设实践——以柳州、梧州为中心"，《城市规划学刊》，2009年第5期：114–120页。
2 陈蕴茜《崇拜与记忆——孙中山符号的建构与传播》，355-356页。另请参见：刘江峰、殷力欣、路伟辑录"世界各地中山纪念建筑辑略"，建筑文化考察组编著《中山纪念建筑》（天津：天津大学出版社，2009年）：87-98页。
3 内政部营建司设计绘制《内政部公私建筑制式图案》油印本，1945年，贵阳市档案馆。

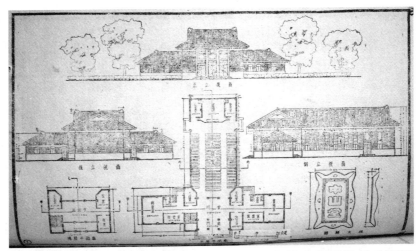

图1-54a 哈雄文（？）：甲种中山堂制式图。图片来源：内政部营建司绘制《内政部公私建筑制式图案》，1940年代（贵阳市档案馆藏）。

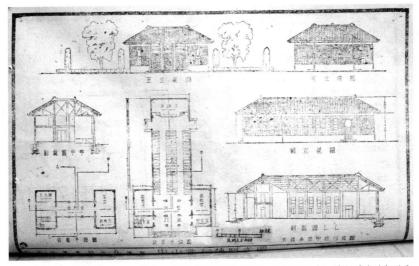

图1-54b 哈雄文（？）：乙种中山堂制式图。图片来源：内政部营建司绘制《内政部公私建筑制式图案》，1940年代（贵阳市档案馆藏）。

全部新建，其中也有许多是将旧有的祠庙或建筑改建而成。除上述湖南醴陵县党部将文庙明伦堂改建的中山堂外，还有 1929 年江苏省江都县所改建的前清万寿宫[1]，1930 年云南省政府改建的文庙内崇圣祠、仓圣祠等。[2]这些改造成的中山纪念堂与民国早期许多改旧为新的先烈专祠一样，都体现了新的意识形态对于旧的观念的取代。所有中山纪念堂在外观上并没有统一的风格，但是普遍的是，它们都以悬挂在讲台后墙上的孙中山遗像和遗嘱作为空间的焦点，它们成为了民国早期中国新的精神领袖的至圣所和一种新的意识形态甚至信仰的宣讲堂。

结语

"建筑是石头的史书"。较之其他类型的建筑，礼制建筑更体现了历史的书写。它首先反映了信仰与崇拜在一个新时代的转变，正如辛亥时期所见证的政府对郊天传统的弃扬之变，对于孔教的兴废之争，对于关岳的存祀、增祀以至废祀，以及对于民国英烈和伟人的崇奉和纪念。英烈中有被记忆，也有被遗忘，还有被再记忆；新的被纪念对象中有主也有次，有先也有后。这个情形本身就体现了历史叙述中的选择于被选择，主导与被主导。

在信仰与崇拜的转变过程中，虽然还有一些传统礼制建筑被继续使用以服务于现实的政治和文化的需要，但其大部分都失去了原有功能，许多被改造甚至被摧毁。取而代之的是服务于新的社会的新礼制建筑和纪念物，其中包括英烈祠、英烈墓、伟人墓、纪念碑、纪念像，以及纪念堂。文化遗物是时间上的历史过去在今天的空间存在，而纪

---

1 陈肇燊、陈懋森纂《江都县志》，卷二·建设，1937 年。转引自陈蕴茜《崇拜与记忆——孙中山符号的建构与传播》：354 页。

2 "云南筹建中山纪念堂"，《中央周报》，第 132 期，1930 年 12 月 15 日。转引自陈蕴茜《崇拜与记忆——孙中山符号的建构与传播》：353 页。

念物就是对一种历史过去的自觉选择、记录、阐释,以及人为再现。如果说一个民族国家即本尼迪克特·安德森(Benedict Anderson)所认为的一种"想象的共同体",那么纪念物也就是维系这个共同体想象的一种物质纽带。

但是,新的礼制建筑和纪念物的出现并非仅仅是一种类型上的增加。它们还体现了崇奉方式和对纪念物识别性要求的改变。即从封闭空间转向公共空间;从碑刻文字的指示,到纪念碑造型的象征和纪念像的形象表现;从地点与时间都是固定的祭祀转向公共空间中"非专注"的接受;从祭祀者对被祭祀对象的奉献到纪念者接受被纪念者的激励或教导。"纪念建筑"和服务于纪念目的的艺术也因此成为20世纪中国建筑史和艺术史中新的重要类型和内容。

新的礼制建筑和纪念物也并非凭空产生。为了表达政治、文化上的正统性,一些业主或设计者会自觉向传统礼制建筑寻找依据。当旧的传统已经不能满足新的需要,或为了挑战旧的制度,表达新时代的政治理念,另一些业主或设计者又会从外国传统中寻求借鉴。传统的礼制的祭祀空间或令被纪念对象更显神圣,而新式纪念碑、写实风格的纪念像,以及宣讲空间纪念堂的出现则丰富了中国传统的礼制建筑和纪念物语言,为纪念性的表达提供了更多的可能。旧新共存、中西交织,辛亥时期的礼制建筑和纪念物也因此呈现出比任何其他类型的建筑更为丰富的多样性以及一个新的国家政权在建立其新的礼制系统时的多元探索。

谨以此文纪念辛亥革命100周年

致谢:

本课题在研究过程得到了侯幼彬教授、殷力欣教授、卢永毅教授、彭长歆博士、丁垚博士、张天洁博士、刘畅博士、闵晶女士以及我的同学施纯琳(Catherine Stuer)女士、施杰和徐津先生、湖南省博物馆聂菲研究员、贵州省博物馆张兰斌书记和梧州孙中山纪念堂黄裕峰主任的热情支持和帮助,对此笔者深表感谢。

第二篇 探寻一座现代中国式的纪念物：
南京中山陵的设计

  余致力国民革命凡四十年，其目的在求中国之自由平等。积四十年之经验，深知欲达到此目的，必须唤起民众，及联合世界上以平等待我之民族，共同奋斗。现在革命尚未成功，凡我同志，务须依照余所著建国方略，建国大纲，三民主义，及第一次全国代表大会宣言，继续努力，以求贯彻。最近主张开国民会议，及废除不平等条约，尤须于最短期间促其实现，是所至嘱。

孙文
1925 年 3 月 11 日

  在民国建筑史上，南京中山陵（图 2-1）无疑是最突出和最重要的个案。该建筑修建于 1925 年至 1931 年间，是中华民国首任临时大总统孙中山遗体的最后安息地，也是中国现代史上最神圣的场所之一。建筑评论家和历史学家通常把中山陵的风格描述为中国古典建筑与现代技术和物质的结合。一些人称之为"中国古典复兴"或"传统复兴"，[1] 意即以西方现代物质和技术来体现中国古典造型。类似的描述，也被

---

[1] 这种描述在中文的教科书里颇为典型。参见潘谷西主编《中国建筑史》（北京：中国建筑工业出版社，2001 年）：376-377 页；傅朝卿《中国古典式样新建筑——二十世纪中国新建筑官制化的历史研究》（台北：南天书局，1993 年）：116-120 页。类似评论亦见于 Rowe, Peter & Kuan, Seng, *Architectural Encounters with Essence and Form in Modern China*（Cambridge, Mass.: MIT Press, 2002）：69. 尽管如此，这些著作仍不失为全面研究中国现代建筑历史的佳作。

图2-1 吕彦直：中山陵，南京，1925~1929年。图片来源：伍联德编《中国景象》（上海：良友图书印刷有限公司，1934年）：63页。

用于与中山陵设计风格相近的其他建筑。然而，这些论断引出了如下问题："中国古典建筑"这一概念究竟有何含义？在20世纪20年代，是否存在任何关于"中国古典建筑"的既存共识以供建筑师们选择？作为一种过于简单的风格性描述，这类标签未能揭示中山陵设计过程中复杂的历史关联。本文不拟将"中国古典建筑"视为一个既定的系统，而是以中山陵为个案，探讨中西建筑师如何以不同方式来处理当地古典建筑问题，如何以截然相异的手法去探求一个适合于现代国家的纪念物。我将在民国早期社会文化的背景下，考察陵墓的实施方案如何既体现了对于现代中国的理想，又体现出明确的中国特性。笔者将揭示，"中国古典建筑"远非一种既定的范型，相反，它是一种开放的话语，在其中，传统因素与对世界建筑的关注联系起来而得到重新审视。类似地，笔者将中山陵的设计视作一个现代的话语场，它集中体现了关于现代中国式纪念物的不同理念，无论风格的、功能的，还是象征意义的，它们都是对于新生国家的某种表现。笔者试图解释一个东方国家在其现代化及与西方的文化互动过程中，如何提出了关于中国风格纪念物的不同理念，以期贡献于西贝尔·博兹多根（Sibel Bozdogan）所称的"关于现代建筑的批判性历史"这项世界性课题，这部历史关注"非西方社会的混合性与复杂性，（关注）它们自己的'现代化'道路，而不是对由西方工业化的历史所代表的发展模式的追摹。"[1]

一、孙中山的现代理想

1925年3月12日，在签署完临终遗嘱后的次日，中国国民党总理孙中山在临时执政府统治下的首都北京逝世。13年前的1912年1月1日，他曾在南京宣誓就任中华民国临时大总统，他预期这座城市将是全国的新首都，它将借助结合了现代技术、物质与中国建筑美学精华的建筑来象征其现代性。[2]但仅仅42天之后，他就被迫将职位让给袁世凯这位前清王朝最有影响力的政治人物和当时中国最强大的军事领袖。此后，孙中山见证了袁的政治运作：1913年解散国会，1916年复辟帝制，登基称帝。同年袁死，随之而来的是军阀间的无尽战争。1924年11月，孙中山离开自己的根据地广州，取道日本前往北京，去会见北方的临时执政府中的政治对手，期望着召开国民会议，以结束中国军阀割据的局面。但不幸的是，他的肝癌已经发展到晚期，使他再也无法为处在水深火热中的国家和人民继续贡献自己的心力。

孙中山在病榻上签署的遗嘱中开列了四份文件，期待着同志们加以贯彻执行："现在革命尚未成功，凡我同志，务须依照余所著建国方略，建国大纲，三民主义，及第一次全国代表大会宣言，继续努力，以求贯彻。最近主张开国民会议，及废除不平等条约，尤须于最短期

---

1 Bozdogan, Sibel, *Modernization and Nation Building：Turkish Architectural Culture in the Early Republic*（Seattle, University of Washington Press, 2001）: 9.

2 Musgrove, Charles D., "Building a Dream：Constructing a National Capital in Nanjing, 1927~1937," in: Joseph W.Esherick, ed. *Remaking the Chinese City：Modernity and National Identity, 1900~1950*（Honolulu: University of Hawaii Press, 2000）: 139.

间促其实现,是所至嘱。"[1]其中的三份文件都与国家建设方略和国民党当前政治纲领有关。第四份文件——三民主义——则阐述了孙中山及其追随者所理解的革命目标。孙中山为黄埔军校的题词对此作出了概括,这份题词后来成为国民党党歌和中华民国国歌:

三民主义,吾党所宗。以建民国,以进大同。咨尔多士,为民前锋。夙夜匪懈,主义是从。矢勤矢勇,必信必忠。一心一德,贯彻始终。[2]

孙中山早在1905年就提出了"三民主义"。[3]当时的内容包括驱除鞑虏、恢复中华、建立民国、平均地权等目标。1924年1月至8月,他以三民主义为题作了16次讲演,用民生、民主和民族等概念对这些理念进行修订和重构。他提出改良中国的农业、工业、道路、运河,以提供更好的衣食住行和就业机会。对于民主,他主张由政府来训练和指导民众,使他们能够懂得如何行使自己的选举、罢免、创制、复决等权利;关于民族主义,他希望政府首先能够帮助和保护国内的少数民族,然后是抵制外国的压迫和侵略,同时修改与外国签订的不平等条约,以确保民族独立和国际平等。[4]简言之,"三民主义"表达了孙中山关于现代中国——包括其物质文明、政治体制和民族独立——的革命理想。三者当中,他最看重的是民族主义。他相信,为了拯救中国,人们首先需要恢复本国固有的美德,即道德和智识,然后是向西方学习。他写道:"恢复我一切国粹之后,还要去学欧美之所长,然后才可以和欧美并驾齐驱。如果不学外国有长处,我们仍要退后。"[5]

---

1 Tyau, Min-ch'ien T.Z., ed., *Two Years of Nationalist China* (Shanghai: Kelly and Walsh, Ltd., 1930)

2 Tyau, Min-ch'ien T.Z., ed., *Two Years of Nationalist China* (Shanghai: Kelly and Walsh, Ltd., 1930)

3 Tyau, Min-ch'ien T.Z., ed., *Two Years of Nationalist China* (Shanghai: Kelly and Walsh, Ltd., 1930): 17.

4 Tyau, Min-ch'ien T.Z., ed., *Two Years of Nationalist China* (Shanghai: Kelly and Walsh, Ltd., 1930): 38-39.

5 孙中山《民族主义》,见:《孙中山选集》(北京:人民出版社,1981年):688-689页

在民众中宣传和推广孙中山"三民主义"及其遗嘱中表达的政治理念，成为国民党组织、筹办的孙氏葬礼（包括其墓地设计）的核心主题。葬礼和陵墓因而为历史学家提供了机会，使他们可以去考察现代理念的实现过程中的种种物质和社会痕迹，而这些理念的界定，都受到了孙氏新中国定义的影响。许多学者已经研究过这场葬礼的仪式方面，[1]本文对其墓地设计重新进行审视，意在揭示中国现代化进程中的一个复杂问题。在这种情况下，我们必须将"现代建筑"理解为某种现代国家理念的物质体现。我们同样可以看到，它对历史样式的参考，及对作为灵感来源的历史的建构，都与对民族国家的构筑有着直接的关联。一个现代中国式纪念物——即本文中孙中山这位现代中国理念最具影响力的表述者的墓地——的创作过程，为我们提供了一个研究的案例，借此可以探究相互冲突、歧异的象征话语，而这一话语本身就体现了中国现代性的特征。

二、图案竞征

1925年5月13日，孙中山先生葬事筹备处（以下简称葬事筹备处）在上海张静江宅召开第五次葬事筹备会议。会上通过了两项重要决议：一是分别用"陵"和"祭堂"来指称孙中山的坟墓及核心建筑；二是刊登陵墓图案征求条例，进行国际性的建筑图案竞赛。[2]

---

1 其中最重要的有：Wang, Liping, "Creating a National Symbol," *Republican China* 21 (Apr.1996): 23–63; Harrison, Henrietta, *The Making of the Republican Citizen* (Oxford: Oxford University Press, 2000); 李恭忠《丧葬政治与民国再造——孙中山奉安大典研究》（南京：南京大学博士论文，2002年）。Rudolf Wagner 也探讨过这一问题，见其会议论文 "Ritual, Architecture, Politics and Publicity during the Republic: Enshrining Sun Yat-sen," at the conference "The Beaux Arts, Paul Philippe Cret, and 20th Century Architecture in China," October 3–5, 2003, Philadelphia: University of Pennsylvania. 他着重论述了中山陵的选址和国民党对孙中山遗体的利用。

2 南京市档案馆、中山陵园管理处《中山陵档案史料选编》（南京：江苏古籍出版社，1986年）：59页。

除了遗嘱，孙中山还为自己的葬礼留下了两点指示：一，像列宁那样保存遗体；二，葬于南京紫金山。第一个要求可以从他的角色来理解：作为一位国家元勋，他致力于谋求中国与世界各国的平等地位；临终前几年，他很钦仰列宁，并且希望自己的追随者和中国人民把他视作东方的列宁。第二个要求则与他的地位有关，即作为革命领袖，他推翻了满清王朝。他也很崇仰明朝开国皇帝朱元璋——朱推翻了蒙古人统治的元朝，光复了汉族政权，死后就葬于紫金山。此外，南京还是他为中华民国选定的首都。正如中国现代史研究者汪利平所指出："他决定葬于南京，是想为如下二者建立一种空间联系，一方面是他自己作为人民主权的代表，另一方面是南京作为真正大众政府的发源地。"[1]

不幸的是，因为苏俄政府提供的棺椁不像列宁的棺椁那样用水晶和青铜制作，而是用玻璃和锡制成，质量较差，孙中山的第一个遗愿未能实现。[2]但追随者们依然非常忠实地执行了他的第二条指示，在1925年4月23日召开的第二次葬事筹备会议上，墓址最终确定。它将位于紫金山南坡的林木中，明孝陵的东边，但位置更高。[3]这一地点背靠山麓，面对远山，两旁山丘相傍，与中国传统（尤其是上层人物的）住宅和墓葬建筑中的风水概念相合（图2-2），尽管葬事筹备处成员和国民党人从未承认这一点。第五次葬事筹备会议通过了中英文本的陵墓图案征求条例，以及相应的评判要点。这一工作得到了大洲公司庶务处赫门（H.Hagemann）的帮助，[4]该公司的管理者是孙中山的内弟、

---

[1] Wang, "Creating a National Symbol," *Republican China*.Apr.1996, 23–63.
[2] Harrison, *The Making of the Republican Citizen*（Oxford：Oxford University Press, 2000）：134.沈艾娣暗示，苏俄所制孙中山棺椁的材质，表明其眼中孙中山的"重要性"。
[3] 葬事筹备处："第二次会议记录"，见《中山陵档案史料选编》，55页。
[4] 大洲贸易公司英文名称为 The China International Corporation，参见 *Supplement to the North-China*：*Desk Hong List*（Shanghai, 1924; rev.ed., 1926）。有关中山陵的中文著作称 H.Hagemann 为赫门。除了参与中山陵的设计竞赛事务，关于他在中国工作、生活的其他情况，迄今我们一无所知。

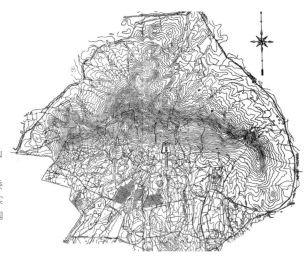

图2-2 紫金山和中山陵地图。图片来源：总理奉安专刊编辑委员会《总理奉安实录》（南京：中国国民书局，1929年），图140。

国民党要人宋子文，宋同时也是葬事筹备委员会常务委员，负责主持工程事宜。

按照征求条例的规定，祭堂应用坚固石料及钢筋混凝土建成，不用易碎的传统砖木，容放孙中山石椁的大理石墓即在祭堂之内。为了弥补孙中山的未竟遗愿，即像列宁那样保存遗体并公开展示，墓室铜门将可开放，以便人们在祭礼时能够入内瞻仰石椁。祭堂前应有可立五万人之空地，以备举行祭礼之用。最重要的是，祭堂"须采用中国古式而含有特殊与纪念之性质"。[1]简言之，陵墓应该表达一种中国特性，以及持久性和公共特征，后两点又与西方建筑相连，因而体现了现代性。葬事筹备处强调的评判要点：一是祭堂和陵墓的功能，二是墓地与其环境的关系，三是墓道的全局布置，四是经费的限制，五是简朴庄严而坚固，不取奢侈华贵。[2]

---

1 英文版征求条例发表于1925年5月19日的《字林西报》。
2 《中山陵档案史料选编》，152页。

葬事筹备处为中外建筑师准备了中英文本的征求条例。[1]对于"classical Chinese style with distinctive and monumental features",中文本的条例中表述为"中国古式而含有特殊与纪念之性质"。尽管在现代英汉辞典中,"monumental"对应着"纪念"二字,但二者仍有细微的差别。西方语境中的"monumental",包含着视觉上富丽堂皇的概念;而"纪"(或"记")、"念"二字组合成的"纪念",则暗示着一种心理上的念想。"纪念"在汉语中是一个现代语汇,目前《汉语大辞典》这部最权威的汉语辞典中并无该词的古代用法。中文的"纪念"即日文的"记念",是20世纪初从日本引进的现代语汇,其最初用法之一见于戴鸿慈的日记。1905年,清廷派戴和另外四名大臣前往欧洲九国考察君主立宪及共和制度。戴氏在三种语境中使用了"纪念"一词,分别表述代表团成员给东道主的"纪念品",描述哈佛大学用于纪念该校在美国南北战争中牺牲的学生的"纪念堂"(Ware and Van Brunt,1878年),并称外国博物馆里陈列的清廷被掳物品是"铭心刻骨,永不能忘之一纪念物"。[2]

尽管"纪念"一词的使用之一见于外事交往中的私人语境,它的另外两次使用却与公共记忆,甚至是民族记忆相连。正是这种在西方随处可见的纪念建筑中所保存的公共记忆和民族记忆,引发了20世纪初的中国民族主义者的极大热情。例如,被列文森称作为"近代中国之心智"[3]的梁启超,于1919年访问了伦敦威斯敏斯特(即英国国家和王室的大教堂,现通译作西敏寺)。在参观完该国杰出政治家、学者、艺术家、作家的墓地和纪念碑之后,他动情地说:"原来这寺本王室诸陵所在,后来凡有功于国家的人,都葬在里头,拿中国旧话

---

1 中文版发表于数家著名中文报纸,如1925年5月15—21日的《商报》和1925年5月27日的《申报》。
2 戴鸿慈《出使九国日记》(长沙:湖南人民出版社,1982年):67、100、110页。
3 Levenson, Joseph R., *Liang Chi-chao and the Mind of Modern China*(Cambridge, Mass.: Harvard University Press, 1953)

讲，算是陪葬某陵了。但他们陪葬的，不是拿王室的功臣做标准，是拿国家的人物做标准，所以政治家，学者，诗人，乃至名优，都在其列，入到寺中，自然令人肃然起敬，而且发出一种尚友古人的志气。……可见这威斯敏斯特，并没认得什么个人，只认得一个英国哩。我们这一游，整整游了个下半天，真如太史公所谓'高山仰止，景行行止，想见其为人，低回留之，不能去焉'。我想我们外国人，一进此寺，尚且感动到这种田地，他们本国人该怎么样呢？威斯敏斯特就是一种极严正的人格教育，就是一种极有活力的国民精神教育。教育是单靠学校吗？咦！我国民听呀！我国民听呀！" [1]

民国初期二十余年，"纪念"一词在公共领域流行开来，其用法包括"纪念会"、"纪念馆"、"纪念册"、"纪念章"、"纪念歌"、"纪念邮票"，等等。1916年，武昌起义日（10月10日）被正式宣布为国庆日，成为民国日历中最重要的"纪念日"，此外还有南京临时政府成立纪念日（1月1日）、南北统一纪念日（2月12日），等等。孙中山逝世后，国民党确立了更多与他有关的全国性"纪念日"，比如总理忌辰纪念日（3月12日）、总理就任非常大总统纪念日（5月5日），以及总理诞辰纪念日（11月12日）。每一个"纪念"，都指向某种特定的怀念方式，从而巩固、增进现代中国转型过程中新出现的公共团体、党派和社群的共同记忆。其中雕刻、纪念碑、纪念建筑等实体"纪念"物，在最大程度上体现了"纪念性"的特质：它们不仅如中文"纪念"一词的含意那样，使人念想某事某人，而且还以有形的方式体现着西方的"纪念性"，即以独特的外观促使公众去思考被念想的事件或个人的意义；此外，它们由耐久的材料制成，可以使共同记忆得以长久延续；最重要的是，它们位处公共空间，因而与社会生活相连，甚至参与其中，从而使某个社会的共时性集体记忆成为可能。很明显，陵墓图案征求条例中规定的"纪念之性质"，乃是一个深嵌于流行政

---

[1] 梁启超《欧游心影录》，见《梁启超全集（第10卷）》（北京：北京出版社，1999年）：2993-2994页。

治话语中的现代概念,从而促使建筑师去探索如何使自己的设计体现对民国元勋孙中山的纪念。

中英文条例中的"monumental features",或者"纪念之性质",含意并不确切。中西语境中的含意并不相同,一个强调视觉上的纪念性,另一个强调心理上的记忆,与现代政治相连者尤其如此。然而,"classical Chinese style with distinctive and monumental features",或者"中国古式而含有特殊与纪念之性质"一说,为参赛的建筑师们提出了更多的阐释机会。中国有着独特的地理多样性和明确的历史演变周期,在这样一个国家,什么样的建筑造型才能被认为是"中国古式"?何种建筑形态才是"中国古式而含有特殊与纪念之性质"的典范?

事实上,在中国建筑师出现于20世纪10年代和20年代的现代中国建筑舞台,并开始研究本国建筑传统之前,西方建筑师和建筑史学家已经遇到了这些问题。在宗教主顾的支持下,西方建筑师根据各种地方建筑传统设计了不同风格的教会学校,借以发展出一种中国本土的基督教艺术和建筑造型。[1]这些先导性的"中国古式"现代建筑具有一些共同的建筑元素,特别是反曲屋顶,但它们中既有南方地区夸张的屋顶轮廓线和复杂的屋顶组合,又有华北地区柔和、简朴的屋顶造型,显示出中国建筑的多样性。这些设计表明,"中国古式"其实是一个开放性的概念。必定是由于"中国古式"一词的模糊性,葬事筹备处聘请的评判顾问之一凌鸿勋后来承认:"因我国向无建筑专史,

---

[1] 这些学校包括上海的圣约翰大学(Brennan Atkinson,1894),成都的华西协合大学(Fred Rowntree,1912),长沙的雅礼大学(Henry K.Murphy,1913~1914),南京的金陵大学(A.G.Small of Perkins, Fellows and Hamilton Architects,1919),北京的协和医学院(Harry Hussey,1916~1919),南京的金陵女子学院(Henry K.Murphy,1918~1923),以及北京的燕京大学(Henry Murphy,1919~1926)。参见 Johnston, Tess, Erh, Deke, Smalley, Martha, *Hallowed Halls*, *Protestant Colleges in Old China*(Hong Kong:Old China Hand Press,1998);董黎《中国教会大学建筑研究》(珠海:珠海出版社,1999年),郭伟杰:"谱写一曲和谐的乐章:外国传教士和'中国风格'的建筑,1911~1949",《中国学术》,2003年1月,69–118页。

Classic 一字，本无所专指。"[1]

在西方史学的语境中，中国式"纪念"建筑这一问题的提出甚至比何为"中国古式"更早。在《印度和东方建筑史》（History of Indian and Eastern Architecture, 1876）一书里，詹姆士·福格森（James Fergusson）将中国建筑描述为一个谜。他评论说："这个国家实在没有任何堪与其人民或文明相称的建筑。"[2] 当然，福格森并非说中国缺乏任何具有美学价值的结构物，尽管他用"相称"一词暗示这些建筑未能符合黑格尔式的文明进化概念。让这位欧洲人感到困惑的是如下事实：就视觉的宏壮和材料的耐久而言，中国与埃及、印度，甚至柬埔寨等古代文明不同，缺乏堪与西方纪念性建筑比肩的构筑物。以"纪念性"建筑为标准选择建筑史实例，福格森将天坛、佛寺、宝塔等宗教建筑视为中国建筑的最典型代表。他认为，相对于那些公民建筑，如坟墓、牌坊，甚至宫殿之类的居室建筑造型而言，这些建筑更为重要。出于这种偏好，他的看法与其他西方人，如17世纪的葡萄牙传教士曾德昭（Alvaro Semedo）和18世纪中叶的威廉·钱伯斯（William Chambers）爵士等人的早期认识不谋而合。这种看法持续占据主导地位，无论是1876年在贵阳修建了宝塔形教堂的法国无名天主教徒，还是1893年在芝加哥举办的哥伦比亚世界博览会和1915年在旧金山举办的巴拿马泛太平洋世界博览会的组织者，都受到了它的影响。这些西方人甚至比福格森更加偏颇，在其写作、建筑设计和展览中，大有舍宝塔其谁的意味。在历代中国，宝塔确实承担了一种"纪念物"的功能，满足了一些宗教目的，如存放佛经或埋藏佛骨。相比之下，牌坊则用来纪念那些作出了道德贡献且为社会正式认可的人。作为有着悠久使用历史的纪念建筑类型，它们是现代中国人应对新的纪念概念时所能获得的直接借鉴。20世纪30年代前民国政府曾试图将这两

1　凌鸿勋："凌鸿勋关于陵墓图案评判报告"，《中山陵档案史料选编》，160页。
2　Fergusson, James, *History of Indian and Eastern Architecture*（New York: Dodd, Mead & Company, 1899）: 300.

图2-3 纪念一战胜利的"公理战胜"坊,北京,1919年。图片来源:胡丕运主编《旧京史照》(北京:北京出版社,1996年),图223。

种传统建筑类型转换为现代民族国家的纪念物,例如为纪念第一次世界大战胜利而在北京树立的"公理战胜"坊(建筑师待考,1919年)(图2-3),以及美国建筑师茂飞(Henry K Murphy)设计的南京国民革命烈士纪念塔(1930~1932年)。茂飞在其职业生涯中致力于探求他自己所说的"适应性建筑"(adaptive architecture),为中国宫殿传统注入西方的现代技术。[1]笔者相信,他设计这座纪念塔乃是以清代的官式建筑风格作为参考(图2-4)。

但是,越来越多的民国纪念建筑借鉴了西方的宏壮结构,如古典式梁柱、方尖碑和哥特式亭子。这一事实显示,新生的民国需要超越历史的传统,去寻求新的纪念语言。西式范型见之于民国前期那些为纪念革命先烈而修建的"纪念碑",如广州的黄花岗七十二烈士

---

[1] 关于茂飞,参见 Cody, Jeffrey W., *Building in China: Henry K.Murphy's "Adaptive Architecture," 1914-1935*(Hong Kong and Seattle, 2001)。该书第191页讨论了茂飞设计的国民革命阵亡将士纪念塔。

墓（建筑师待考，1917~1926年）和十九路军纪念碑（杨锡宗，1928~1931年），杭州的秋瑾墓（建筑师待考，1925年）和陈英士像（江小鹣，1929年），湖南的蔡锷、黄兴墓（建筑师不详，1917年），等等。尽管这些作品背后的学院派建筑传统在当时的欧洲正受到挑战，但对于极少接触西方建筑的大多数中国人，以及那些受到这一衰而不弱的传统教育的大多数中国建筑师来说，学院派依然代表着当时最新的"现代"建筑。[1]

图2-4　茂飞：阵亡将士纪念塔，南京，1930~1932年。图片来源：本文作者摄，2002年。

尽管如此，探求一种独具中国特色的现代纪念物的努力，在民国成立之初即已出现。例如在1913年，四川成都兴建了"辛亥秋保路死事纪念碑"，用以纪念对于武昌起义和清朝崩溃都具有促进意义的保路运动及其死难者。该建筑由曾经留学日本的中国建筑师王楠设计，主体为一座高达32米的方

---

[1] 中国虽然有悠久的工匠传统，但直到现代化已经启动的20世纪初，才开始有建筑师接受西式训练。中国建筑师的核心组织"中国建筑师学会"成立于1927年，其档案记录表明，到1940年，所有82名会员中，曾经留学美国的建筑师41人，法国5人，英国4人，德国4人，比利时2人，日本1人，中国自己培养的25人。这些在外国接受训练的建筑师都毕业于1938年以前。爆发于1939年的第二次世界大战，开始于1937年的八年抗日战争，以及20世纪50年代的学苏政策，都阻碍了中国与西方国家之间的正常交流，使中国难以及时更新自己的建筑哲学。20世纪30年代以后，现代主义式样的建筑和现代建筑理论的介绍，在建筑实践和出版物中都很普遍，但由于教师们自身的教育背景，使得学院派传统直到70年代依然主导着中国的建筑教育。关于学院派对中国建筑的影响，另参见 Xing Ruan（阮昕）："Accidental Affinities: American Beaux-Arts in Twentieth-century Chinese Architectural Education and Practice", *Journal of the Society of Architectural Historians* 61（Mar.2002）：30-47.

图2-5 王楠：辛亥秋保路死事纪念碑，成都，1913年。图片来源：成都群众艺术馆编《成都风光》（成都：四川人民出版社，1959年）。

尖碑。这一前所未有的高度几乎超过了中国任何一座传统公民建筑，成为城市空间里最引人注目的革命烈士纪念物。为了注入某种中国本土风格，建筑师在碑顶添加了五座小塔（图2-5）。[1]显然，中国正在期待一种纪念物，它通过对西方范型的借鉴和对中国式建筑类型的改造，既能表达现代追求，又能体现传统文化特征。对于中华民国国父孙中山的陵墓而言，这一手法无疑最为恰当，因为孙毕生致力于民族的解放和国家的现代化，企盼着一个融合了本国传统文化精华和西方文明优点的现代中国。

中山陵设计竞赛，确实成为"中国古式而含有特殊与纪念之性质"的现代中国纪念物的展台。这是中国有史以来第一次举办的国际性建筑竞赛，这一形式显示了正处于民族国家建设初期的中华民国的勃勃雄心，即确立自己在世界各国中的位置。一方面，它使中山陵的设计具有国际地位，因为这是西方许多著名现代纪念物所采用的程序；另一方面，它也使陵墓设计变成一个世人瞩目的公共过程：不管最终获胜的是谁，这件事情都将吸引国际上对一座中国建筑的关注。不仅如

---

[1] 徐苏斌："清末四川与日本的交往之研究——留日的铁路留学生、雇用日本技术者与成都'辛亥秋保路死事纪念碑'"，张复合主编《建筑史论文集（第13辑）》（北京：清华大学出版社，2000年）：46-61页。

此，竞赛的公开性，还使得葬事筹备处能够将其设计理念传达给建筑专业和中国国家之外的公众。更重要的是，竞赛将促使中外建筑师面对如何为一个最重要的全国性人物设计最好的墓葬建筑这一难题，即他们创作的这一公共纪念物必须既能体现进步、现代的共和理念，同时又能表达一种鲜明的中国特性。竞赛还为国民党提供了一系列的方案作为选择。

评判顾问包括三名中国人：土木工程师凌鸿勋、雕刻家李金髮、中国画家王一亭，以及一名德国建筑师朴士（Emil Busch）。这一人员组合显示了葬事筹备处的周密考虑，即在竞赛中平衡艺术与技术、本土艺术与外来艺术，以及中国性与国际性之间的关系。评判顾问中没有中国建筑师的代表，或许是因为当时中国建筑师，尤其是接受过西方现代教育的建筑师尚少，而有职业声望者更是稀缺。[1]评判顾问中唯一的建筑专家朴士是上海宝昌洋行的建筑师和土木工程师。[2]他在中国的作品并不出名，葬事筹备处请他担任评判顾问，原因可能与委托赫门起草征求条例一样，即评判顾问中有他这样一位外籍人士，竞赛就有了国际性的信誉。

截至 1925 年 9 月 15 日，葬事筹备处收到 40 余幅应征作品。在参考评判顾问评审意见的基础上，筹备处评定了前三名获奖者，并授

---

[1] 黄健敏："中国建筑教育溯往"，台湾《建筑师》，1985 年 11 月：34-39 页；Rowe and Kuan.*Architectural Encounters*，48；亦见赖德霖《中国近代建筑史研究》（北京：清华大学博士论文，1992 年）

[2] 作为评判顾问之一，朴士名字的罗马拼写见于 "Prize-Winning Design of Mausoleum for Body of Dr.Sun Yat-sen Is Won by Shanghai Architect," *China Weekly Review*, 3 Oct.1925, 113-114；其事务所名见于 *Supplement to the North-China Desk Hong List*. 根据 Torsten Warner 的 *German Architecture in China*（Berlin, 1994）一书，朴士在汉口的事务所 Lothar Marcks and Busch 于 1907 年承担了汉口德租界市政厅的设计任务（第 150 页），并于次年承建了汉口的德亚银行（第 148 页）。朴士还是 1928 年上海 German Community Center 和 Kaise Wilhelm School 的建筑师（第 130 页）。根据中国第二历史档案馆藏第 422 - 3 - 01360 号卷宗，在 1909 年前后，Lothar Marcks and Busch 还在汉口设计并承建了德人市政厅、美最时洋行办公楼、德语学校，以及其他许多住宅、仓库和工业建筑。不过，1910~1928 年间朴士在中国的活动及作品尚待进一步查考。

予另外七幅作品名誉奖。[1]其中有四名中国建筑师获奖，包括前三名优

[1] 孙中山先生葬事筹备处编．孙中山先生陵墓图案．上海：孙中山先生葬事筹备处，1925 年。中、外建筑师各提交了多少作品，现有史料并没有任何记载。2005 年 11 月补注：参加中山陵建筑设计竞赛的建筑师在当时大多不甚著名，这或许是因为建筑原初的预算造价很低，对于大的建筑事务所不具吸引力，而小的事务所和业务刚刚起步的建筑师则可以借此机会成名。另外，孙中山逝世之后不到两个月在上海爆发的"五卅惨案"也是不可忽略的因素，因为它加剧了中国国内的反帝情绪，必定使很多外国，尤其是英、日两国的建筑师却步。获得竞赛名誉奖的外国建筑师有孚开洋行乃君（Cyrill Nebuska，俄国，名誉奖第 1 名）、开尔斯（Francis H.Kales，美国，名誉奖第 3 名）、恩那与弗雷《C.Y.Anner and W.Frey，俄国，名誉奖第 4 名）、戈登士达（W.Livin Goldenstaedt，俄国，名誉奖第 5 名）、士达打样建筑公司（Goldenstaedt and Zdanowitch，俄国，名誉奖第 6、7 名）。乃君、戈登士达和 Zdanowitch 的生平与在华业绩目前不详，但据后二人图纸上的船锚标志，我们有理由推测他们是 1922 年后因十月革命后的内战失败而逃亡到上海的白俄难民。开尔斯（Froncis H. Kales，生于 1882 年）于 1903 至 1907 年学习于美国麻省理工学院（承洪再新教授查询相告），他在华最著名的成就是在 1928 年受李四光推荐，担任了武汉大学校舍的建筑师。弗雷很可能即 20 世纪初活跃于北京的龙虎公司（Basel & Frey, Architects, Consulting Engineers and General Contractors）的合伙人。据张复合"20 世纪初在京活动的外国建筑师及其作品"（《建筑史论文集（12 辑）》，北京：清华大学出版社，2000，91-109 页），F.W.Basel 和 W.Frey 二人曾于 1901 至 1903 年间设计北京东交民巷德国兵营。Frey 之名"W"或即"Walter"的简写。据黄遐"晚清寓华西洋建筑师述录"（汪坦、张复合主编《第五次中国近代建筑史研究讨论会论文集》，北京：中国建筑工业出版社，1998 年，164-179 页），Walter Frey 为 1913 年改组后的德国罗克格洋行（Rothkegel & Co.）的职员和代权人。该洋行曾于 1915 年参与北京正阳门城垣改建工程（见张复合文）。如此，则 Frey 当已从龙虎公司离开而转与罗合作。而 1925 年中山陵设计的 C.Y.Anner 或是他的又一合作伙伴。至于 C.Y.Anner 与中国近代建筑史上另外两位重要建筑师 C.J.Anner 和 C.W.Anner 是何关系，抑或为二人之中某一位名字的误写，尚待进一步查证。据 The Directory and Chronicle of China, Japan, Corea, Indo-China, Straits Settlements, Malay States, Siam, Netherlands India, Borneo, The Philippines, &c.The Hongkong Daily Press, Ltd., 1926.C.J.Anner（安诺）和 C.W.Anner（安那）分别为北京罗氏中华医社（China Medical Board of the Rockefeller Foundation）建筑部副建筑师和建筑师，安诺于 1927 年 8 月获北京图书馆竞赛第四奖，并于同年 9 月担任北京图书馆施工监督工程师（见《北京图书馆第二年度报告》，1927 年 7 月—1928 年 6 月，和《北京图书馆建设委员会报告》，1933 年 1 月）。安那于 1926 年任北京图书馆设计名誉顾问（见《北京图书馆第一年度报告》，1926 年 3 月—1927 年 6 月）。又据沈振森、王其亨．清华园的近代建筑与沈理源点滴"（张复合主编《中国近代建筑研究与保护（三）》，北京：清华大学出版社，2004 年：340~347 页），美国建筑师 Carl L.Anner 曾在 1932 年和 1933 年设计了清华大学的善斋、静斋和新西院等建筑。但他与上述各位的关系尚待进一步查考。另据《字林西报行名簿》(Supplement to the North-China, Desk Hong List）乃君（Nebuska）于 1924 年为上海匈牙利建筑师 C.H.Gonda（鸿达洋行，又称鸿宝洋行）助理建筑师，1926 年为上海思九生洋行（Stewardson, Spence & Waston Architects & Surveyors）建筑师。

胜奖和第二名名誉奖，四人均在 20 世纪 10—20 年代初毕业于美国大学，属于具有西方建筑学知识的第一代中国建筑师。他们的作品体现了学院派设计传统的影响，这是一种"现代"知识体系，它正主导着当时美国建筑教育和实践的诸多方面，如水墨渲染技术、轴线设计和纪念性构图等。同时，留美经历又加深了这些中国建筑师对于现代共和制度的理解，进而使他们能够以美国一些著名的纪念物为样板，去构思自己的创作。

三、获奖作品

葬事筹备处 1925 年度的报告中刊登了 10 幅中山陵设计竞赛应征作品，即前三名得奖者和七位荣誉奖获得者的作品，[1] 这使我们有机会考察中西建筑师在设计这项"中国古式而含有特殊与纪念之性质"的重大工程时所采用的多种手法。这些作品普遍使用了反曲屋面、装饰栏杆，甚至斗栱等元素，来表现所谓"中国古式"。不过，它们对"纪念之性质"的处理方式，却大致可以区分为两类：一种基本以中国式"纪念"传统为参照，来实现英文版条例中所说的"*the classical Chinesestyle with distinctive and monumental features*"；另一种则以西方现代历史上的著名纪念物为模型，并在其设计中注入共和理想，以表达中文版条例中所说的"纪念之性质"。

正如福格森的中国建筑史所指出的，在西方人看来，宝塔是符合西式纪念概念的典型中国式结构，因而当葬事筹备处提出"*classical Chinese style with monumental features*"这一要求后，一些建筑师认为塔式建筑类型适用于孙中山的陵墓便不足为奇。塔式构图出现在两位西方建筑师的作品中：在上海的美国人开尔斯（Francis H.Kales），他获得了名誉奖第三名；以及同样在上海的俄

---

[1] 孙中山先生葬事筹备处编《孙中山先生陵墓图案》（上海：孙中山先生葬事筹备处，1925 年）

国人戈登士达（W.Livin Goldenstaedt），他获得了名誉奖第五名。开尔斯设计的祭堂是一座加高的塔，位于一个平台之上，有一牌坊作为入口（图2-6）。该塔八角九檐，令人想起著名的北京通州塔。西方人对通州塔的了解，来自于1860年第二次鸦片战争期间菲利斯·比亚托（Felice Beato）随英法联军入京途中所摄照片，以及福格森书中据之所制的一幅图版（图2-7）。茂飞在1920年设计的燕京大学水塔也以该塔为蓝本（图2-8）。开尔斯还在主塔四周各置一座较低的楼阁式塔，而以环形走廊串联起来。矮塔和走廊的造型，均与另一座著名的建筑类似，即南京大报恩寺琉璃塔。福格森的书里收录了后者的插图（图2-9），17世纪的葡萄牙传教士曾德昭

图2-6　开尔斯：中山陵设计竞赛应征图案，1925年，获荣誉奖第三名。图片来源：孙中山先生葬事筹备处编《孙中山先生陵墓图案》（上海：孙中山先生葬事筹备处，1925年）

图2-7　建筑师待考：通州塔，北京，约12~13世纪。图片来源：Fergusson, *History of Indian and Eastern Architecture*, fig.384。

第二篇　探寻一座现代中国式的纪念物：南京中山陵的设计　　115

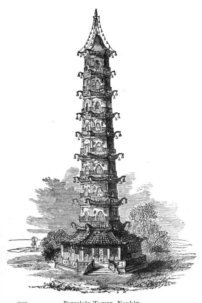

图2-8　茂飞：燕京大学水塔，北京，1920~1926年。图片来源：本文作者摄，1997年。

图2-9　大报恩寺琉璃塔，南京，14世纪初。图片来源：Fergusson, *History of Indian and Eastern Architecture*, fig.382。

也记录了它的面貌（图 2-10），[1]1763 年，在英国的"中国热"高潮中，钱伯斯也在自己设计的皇家植物园中仿造了一座这样的塔。[2]与开尔斯的多塔构思不同，戈登士达设计了一座五层塔，矗立于两层平台之上，以牌坊作为入口（图 2-11）。它那夸张的曲线顶无疑采自于江南地区

1　上海画报出版社编《西方人笔下的中国风情画》（上海：上海画报出版社，1997 年）：113 页。

2　Fairbank，Wilma，*Liang Ssu-Ch'eng: A Profile.in*: Liang Ssu Ch'eng, *A Pictorial History of Chinese Architecture: A Study of the Development of Its Structural System and the Evolution of Its Types*（Cambridge：MIT Press，1984）: xiii. 值得注意的是，开尔斯还以所谓的中国风格设计了国立武汉大学（1929~1935），但并未保留自己在中山陵设计竞赛中表达的理念。

图2-10 （葡萄牙传教士）曾德昭（Alvaro Semedo，1585~1658）绘：大报恩寺琉璃塔，南京，约1613年。图片来源：上海画报出版社编《西方人笔下的中国风情画》（上海：上海画报出版社，1997年）：113页。

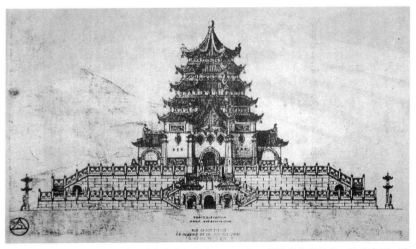

图2-11 戈登士达：中山陵设计竞赛应征图案，1925年，获荣誉奖第五名。图片来源：孙中山先生葬事筹备处编《孙中山先生陵墓图案》（上海：孙中山先生葬事筹备处，1925年）

的建筑，但该塔的外形却显得怪异，因为相比于它的上部而言，其底部显得异常宽大。这一样式很难追溯到任何一座古代样板。戈登士达似乎想用金字塔形的轮廓来描绘中山陵，附加的四个门廊增强了这一构图效果。

开尔斯和戈登士达的作品以宝塔为中国式纪念建筑的典范，而另外两幅西方建筑师提交的祭堂方案，即俄国人乃君（Cyrill Nebuskad）的作品（荣誉奖第一名），以及俄国人恩那（C.Y.Anner）与弗雷（W.Frey）的作品（荣誉奖第四名），却以中国宫殿传统作为参照。他们设计的重檐建筑，令人想起明清时期许多皇家陵寝前的明楼和用于安放已故皇帝神功圣德碑的碑亭（图2-12~图2-14）。极有可能是征求条例中所说的"中华民国开国大总统之陵墓"一语及其对孙中山崇高地位的强调，促使这些西方建筑师去向帝王陵寝寻求借鉴。

图2-12　乃君：中山陵设计竞赛应征图案，1925年，获荣誉奖第一名。图片来源：孙中山先生葬事筹备处编《孙中山先生陵墓图案》（上海：孙中山先生葬事筹备处，1925年）

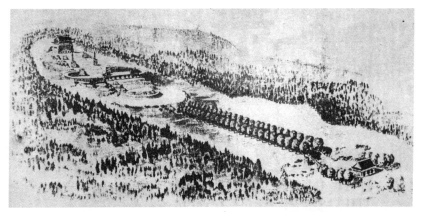

图2-13　恩那与弗雷：中山陵设计竞赛应征图案，1925年，获荣誉奖第四名。图片来源：孙中山先生葬事筹备处编《孙中山先生陵墓图案》（上海：孙中山先生葬事筹备处，1925年）

图2-14　清德宗光绪皇帝崇陵碑亭及其他建筑，河北易县，1909~1913年。图片来源：本文作者摄，1997年。

戈登士达还与士达打样建筑公司（Zdanowitch）合作，提交了另外两幅应征作品。获荣誉奖第六名的作品（图2-15）很可能受到了中国城墙的启发，其体积庞大，带有侧脚，还有角楼，这正是紫禁城四周城墙的特征。建筑师可能认为，在构思一座现代纪念物时，古代城墙的体积感和坚固性值得借鉴。他们的第二幅作品获得了荣誉奖第七名。它不是从中国传统建筑物中寻找启发,而是着眼于当代西方的范型,呈现了一个中国式建筑中所少见的穹隆屋顶,但穹隆用中国式瓦及脊饰覆盖,从而显出某种民族特色(图2-16)。其双层矩形平台的形状,可能仿效了莫斯科列宁墓(Alekei Schusev, 1924)。

中国建筑师赵深的作品获荣誉奖第二名。赵于1923年毕业于宾夕法尼亚大学,其应征作品寄自美国(图2-17)。它的原型是北京天坛,即作为国家元首的皇帝向上天献祭、祈求合法性认可并保佑其国家的场所;它也是福格森关于中国式纪念建筑的图版中所选的首栋建筑。西方建筑师提交的大多作品,可能都遵循英文版条例的要求,只着眼于那些纪念显赫人物的中国式先例,或以佛塔或以皇陵为原型,来表达自己对"陵墓"和"特殊与纪念之性质"的理解。然而,为了使自己的作品体现中文版条例中所说的"纪念之性质",赵深选择了

图2-15 戈登士达与士达打样:中山陵设计竞赛应征图案,1925年,获荣誉奖第六名。图片来源:孙中山先生葬事筹备处编《孙中山先生陵墓图案》(上海:孙中山先生葬事筹备处,1925年)

图2-16 戈登士达与士达打样：中山陵设计竞赛应征图案，1925年，获荣誉奖第七名。图片来源：孙中山先生葬事筹备处编《孙中山先生陵墓图案》（上海：孙中山先生葬事筹备处，1925年）

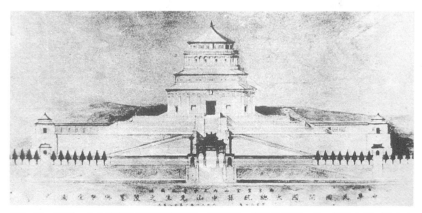

图2-17 赵深：中山陵设计竞赛应征图案，1925年，获荣誉奖第二名。图片来源：孙中山先生葬事筹备处编《孙中山先生陵墓图案》（上海：孙中山先生葬事筹备处，1925年）

一个与中国现代史直接相关，并且可以唤起一系列现代联想的建筑，这就是天坛这一中华民国宪法得以正式通过的场所。作为共和的象征，天坛的形象出现在1923年为纪念宪法颁布而发行的邮票之上（图2-18）而进入公共视觉文化的领域。[1] 换言之，赵捕捉到了中国古代建筑范例在当前和内在的政治含意，从而使自己的作品与大多数西方建筑师的作品区别开来，后者不是根据福格森和其他历史著作的描绘，就是根据某种建筑类型与中国的社会等级的关联，来理解中国古式纪念建筑。

图2-18 中华民国宪法纪念邮票，1923年。图片来源：马润生遗著，马任全译纂《马氏国邮图鉴》（Shanghai: Shun Chang & Co., 1947），图154。

尽管冠以中国式屋顶，赵深的作品依然显露出建筑师学院派的教育背景。该设计底部围绕以科林斯式柱廊，上部则明显模仿了一些西式古典建筑，如伯拉孟特（Donato Bramante）设计的罗马坦比埃多（1502~1510年）及其衍生建筑，尤其是美国华盛顿国会大厦（Thomas U.Walter，1851~1865年）。这就是说，赵根据一座共和大厦所采用的西方建筑范型，对天坛样式作了修正。

虽然一些应征作品呈现出宏壮的视觉效果，但它们在祭堂和场地设计上与中国传统建筑相类似，这一点在评判顾问和葬事筹备处看来仍不尽人意。王一亭想把乃君的作品评为第三名，认为该作品"完全

---

[1] 马润生遗著，马任全译纂《马氏国邮图鉴》（Shanghai: Shun Chang & Co., 1947年）：117页。

为中国古式，惟与中山先生融合中西之精神似不合。"[1]朴士虽然欣赏其正统性，但也表达了类似的看法："惟念故大总统孙公常［以］融合中西文化为心，鄙意此种精诚之表现，似应为陵墓建筑之特殊性质……Liberty（按：该作品的代号）可称为纯粹中国式样，惟绝无创造观念。"[2]他们都反对简单地延续本土传统，暗示中山陵应该是一个放眼于世界文化的中国式纪念物。即不仅在功能和材料上，它还必须在造型上与以往明显有别。葬事筹备处最终选择了1918年毕业于康奈尔大学的中国建筑师吕彦直的作品作为头奖。获得二、三奖（图2-19，图2-20）的建筑师分别为上海的范文照和香港的杨锡宗。范于1921年毕业于宾夕法尼亚大学；杨于1918年毕业于康奈尔大学。

如果说获得荣誉奖的作品未能符合"融合中西"这一精神，那么前三名获奖者在这一点上是否取得了成功？尤其是，如果评判顾问显然认为反曲屋面、石雕栏杆和亭式造型等特征就是中国式建筑的元素，那他们希望在应征作品中看到何种西方特征？我们将看到，吕彦直的头奖作品除了建筑物的功能适应性、空间开放性和政治象征性之外，还体现了中国特征与学院派建筑概念的结合，这才获得了评判顾问们的青睐。而范文照、杨锡宗的二、三奖作品直接参考了西方的范型。一位建筑史学家或许可以指出，范文照的作品受到了纽约格兰特将军墓（John H.Duncan, 1897）的影响（图2-21），但这对于除朴士外的诸位均非建筑学出身的评判顾问和葬事筹备处成员来说并非易事；不过因为他们多数都具有西方教育背景，或者曾经在中国沿海通商口岸生活过，要理解这些作品中的非中国式成分大概并不难。其中的一些构思，可能会令他们想起某些著名的西式纪念建筑。例如范和杨的作

1　王一亭："王一亭关于孙中山陵墓图案评判报告"，徐友春、吴志明主编《孙中山奉安大典》（南京：江苏人民出版社，1989）：98-99页。

2　朴士："德人朴士关于孙中山陵墓图案评判报告"，徐友春、吴志明主编《孙中山奉安大典》（南京：江苏人民出版社，1989）：99-100页。

第二篇 探寻一座现代中国式的纪念物：南京中山陵的设计　　123

图2-19　范文照：中山陵设计竞赛应征图案，1925年，获二奖。图片来源：Prize-winning Design of Mausoleum for Body of Dr.Sun Yat-sen is Won by Shanghai Architect, *China Weekly Review*, Oct.3, 1925: 113-114.

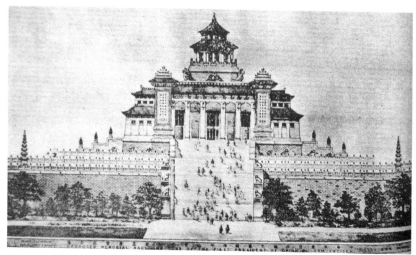

图2-20　杨锡宗：中山陵设计竞赛应征图案，1925年，获三奖。图片来源：Prize-winning Design of Mausoleum for Body of Dr.Sun Yat-sen is Won by Shanghai Architect, *China Weekly Review*, Oct.3, 1925: 113-114.

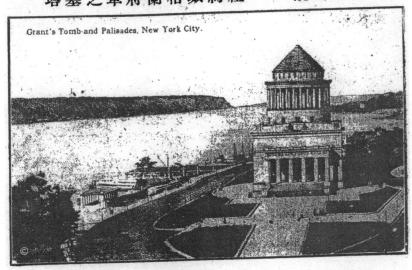

图2-21 "纽约城格兰特将军之墓塔"。图片来源:《申报》,1919年8月4日。

品,都有一个中式亭阁,作为光亭矗立于祭堂之上;一个平面为圆形,另一个为八角形,但正面均作重檐。尽管这两座亭阁的样式本身在中式建筑中并不鲜见,但两个设计的总体构图,即在高台上的庞然体量上加建光亭,在中国却显得空前新颖。与赵深的设计相似,评判顾问和葬事筹备处诸人最感兴趣的,可能是其中的光亭与华盛顿的国会大厦相类似,后者是世界上最著名的穹隆建筑,也是共和建筑的典范。它那宏伟的光亭,以及叠加起来的两层柱廊,可与中式重檐造型相比拟。20世纪20年代后期,国民党取得中国政权,开始对首都南京进行规划,其中几处最重要建筑物的设计,即体现了这一范型的影响,如中央党部、国民政府及五院建筑的正面,都有一个高大的光亭(图2-22~图2-24)。与范、杨设计的中山陵一样,这些光亭都被转换成了中国风格的重檐

图2-22 建筑师待考:中央党部设计图案,南京,1929年。图片来源:伍联德编《中国大观》(上海:良友图书印刷有限公司,1930年):26页。

图2-23 建筑师待考:国民政府大楼设计图案,南京,1929年。图片来源:伍联德编《中国大观》(上海:良友图书印刷有限公司,1930年):26页。

图2-24 建筑师待考:五院建筑设计图案,南京,1929年。图片来源:伍联德编《中国大观》(上海:良友图书印刷有限公司,1930年):26页。

亭阁。[1]总而言之，在中山陵的设计过程中，征求条例所言"Chinese style with distinctive monumental features"和"中国古式而含有特殊与纪念之性质"，都得到了开放的阐释：大多数西方建筑师受到了西方历史学的影响，求助于中国式的"纪念"传统，而吕彦直、范文照、杨锡宗、赵深等中国建筑师，却参考了现代共和理念对其界定。

四、从祭到纪念周

获得二、三奖的作品，尤其是范文照设计的造型颇为葬事筹备处所青睐。凌鸿勋评论说："此案陵墓部分建筑宏壮，美术方面殊觉满意，且结构简朴，足以耐久，陵墓形式，尤极相称。"[2]李金髮推荐范文照的作品为头奖，称"是图结构精美雄静，一望令人生凄然景仰之念。"对于杨锡宗的作品，他评论为"工整庄严，华丽调和。"[3]但考虑到经济因素，并且更重要的是出于功能方面的考虑，评判顾问们认为范文照和杨锡宗的设计均有所欠缺。

从一开始，葬事筹备处就遇到了严重的资金困难。尽管造陵费用的最终决算为340万元（相当于上海特别市政府1928年税收的4/5），其初始预算却只有30万元。这迫使葬事筹备处将预算限制作为评判要点和考虑重心之一，外观过于华丽的设计都只好割爱。但影响评委们作出最终决定的最重要因素，还是祭祀空间的功能。孙中山逝世后的一年里，国民党发展了一套围绕已故总理的崇拜，这对祭堂的总体概念提出了新的要求。

---

1 国都设计技术专员办事处编《首都计划》（南京，1929年）。关于南京行政区规划与华盛顿哥伦比亚特区的相似，参见：傅朝卿《中国古典式样新建筑》，125–126页；以及 Musgrove, Charles D., "Building a Dream: Constructing a National Capital in Nanjing, 1927~1937," in: Esherick. *Remaking the Chinese City*, 139–160.
2 徐友春、吴志明主编《孙中山奉安大典》（南京：江苏人民出版社，1989年）：101–103页。
3 同上。

第二篇　探寻一座现代中国式的纪念物：南京中山陵的设计　127

图2-25　公祭孙中山仪式中的北京中央公园第三门，北京，1925年3月。图片来源：《良友（孙中山先生纪念专号）》（1926年11月11日）：36页。

孙中山逝世后不久，他的遗体即已成为崇拜的对象。在北京，他被安放于用于替代苏俄棺椁的美制铜棺中，从协和医院移往中央公园——即清代的社稷坛——停灵（图2-25）。在那里举行的仪式称为"公祭"。根据政府制定的正式仪节，公祭程序包括献花果、向遗体鞠躬、奏哀乐、读祭文等。[1]在葬礼或祭祖仪式中，祭仪是针对已故家庭成员的；而公祭则是一种现代版的"祭"，目的是让人们向公众人物致敬。在公祭仪式中，透过铜棺的玻璃盖，人们可以瞻仰已故总理的遗体，它就是仪式的核心。人们认为它会"接受"祭品，因为几乎所有的祭文都以诚恳的"尚飨"请求作结语。

然而，国民党采用的公祭仪式，被赋予了不同于传统祭仪的意义。正如汪利平和沈艾娣（Henrietta Harrison）都指出的，国民党充分利用

1　严昌洪："民国时期丧葬礼俗的改革与演变"，《近代史研究》，1998（5）：173页。

了这一仪式进行政治宣传，在其中贯彻了教育大众这一西式思想。[1]根据葬事筹备处的报告，中央公园各门以素花扎成牌坊，门上悬挂匾联，均为孙中山著作中的警句。例如，大门匾为"天下为公"，联为"人群进化"、"世界大同"；二门匾为"博爱"，联为"行之非艰"、"知之维艰"；三门匾为"民有民治民享"，联为"三民主义"、"五权宪法"；四门匾为"国民救国"，联为"恢复国际平等"、"提倡国家自由"。灵堂内，灵柩后的墙壁上悬挂孙中山遗像，上悬横匾，书"有志竟成"，两侧则是他那句最常被人引用的名言："革命尚未成功，同志仍须努力。"[2]这些警句表达了新生共和国的意识形态，强调了民主、进步、大众政治参与及持续进行政治斗争的必要性。

传统祭仪是生者向死者遗体或灵魂供奉祭品。国民党设计的公祭仪式则不同，它创造了这样一种场合：群众出席仪式，乃是为了接受死者的训导。为此，中央公园甚至装备了留声机来播放孙中山的演讲词，还有电影放映机上映与孙中山事迹有关的纪录片。孙中山的肖像因为公祭仪式的这一特征而获得了重大意义：一方面，他的正面肖像以及灵柩成为仪式的焦点和受者；另一方面，它代表着导师本人，他与祭拜者保持着目光的接触（图2-26）。

图2-26　公祭孙中山仪式中的北京中央公园正殿室内，北京，1925年3月。图片来源：《良友（孙中山先生纪念专号）》，1926年11月11日：34页。

1　Wang, "Creating a National Symbol," 30-32; and Harrison, *The Making of the Republican Citizen*, 141-144.

2　徐友春、吴志明主编《孙中山奉安大典》（南京：江苏人民出版社，1989年）：68页；亦见刘中杭编《孙中山先生荣哀录》（北京：讲武书局，1925年4月）：37页。

公祭仪式尚在进行，一种新的孙中山崇拜形式便被创造出来，并迅速得以制度化。1925年3月31日，国民党在京中央执行委员召开全体会议，通过接受"总理遗嘱"的议案，并训令各级党部，"每逢开会，应先由主席恭诵总理遗嘱，恭诵时应全场起立肃听。"同年5月16日，国民党一届三中全会通过了《接受总理遗嘱宣言》并重申了上述训令。在此期间，1925年4月，建国粤军总部也制定了类似的仪礼，并称之为"总理纪念周"。次年1月，国民党第二次全国代表大会正式认可了"总理纪念周"仪式，要求在全党推广。[1] "纪念周"意在模仿基督教（每周日举行的）礼拜仪式，每周一上午举行。其程序包括肃立、向孙中山遗像三鞠躬、恭读"总理遗嘱"、背诵孙中山的其他言论、在孙中山遗像前报告党务等。[2] 祭仪只是表达单向的敬意，纪念周却不再是简单的祭仪，而变成这样一种场合：在其中人们与已故总理的不朽灵魂相互沟通，即向其肖像汇报或进行其他活动，同时接受其监督。孙中山那不朽的形象、其遗嘱对国民党的教导，都代表着他的恒久存在，既接受着人们的忠诚，也给人们以训导。这两者成为纪念周空间布置的基本要素（图2-27）。

因而这一新的仪式要求祭堂成为一个"纪念周"空间，而不仅仅是葬事筹备处初始期望的"祭"礼空间。关于祭堂的内部设计，1925年5月的征求条例仅仅提出了两点要求：一是容放石椁之大理石墓位于祭堂之内；二是墓室铜门须有机关锁，以便举行"祭礼"时可以打开，供人瞻仰石椁。葬事筹备处最初起草征求条例时，采用了"祭"这一传统概念，即祭拜代表着孙中山遗体的石椁。但在征求条例公布两个月、国民党开始推行"纪念周"仪式后不久，一个关键的变化发生了。1925年7月29日，第七次葬事筹备会议决定，除拟

---

[1] 参见李恭忠"'总理纪念周'与民国政治文化"，《福建论坛（人文社会科学版）》，2006年，第1期，50-60页。

[2] 陆宝千："戴季陶先生的未竟之业——制礼作乐"，朱汇森主编《戴传贤与近代中国》（台北：国史馆，1989年）：87-100页。

图2-27 国民党第二届五中全会会场,1928年8月。
图片来源:《良友》,总第29期,1928年8月:7页。

在祭堂外安置孙中山铜像外,还委托侨居上海的捷克艺术家高祺(Bohuslav J.Koci)制作一尊大理石雕像,安放于祭堂之内。[1] 葬事筹备处订购两座雕像,显然意在合并两种崇拜方式,即以孙中山遗体为中心的"祭"和以他的肖像为中心的"纪念周"。

由于崇拜方式的改变,按照原先要求将孙中山墓室置于祭堂中央的做法便显得有悖于功能。几乎所有的应征作品都未考虑过如何容纳这尊新定制的坐像及其可能吸引的群众。墓室不仅会阻碍或转移谒陵者的视线,使他们不易看到墓室背后的坐像,还会挤占室内空间,妨碍大量群众在像前聚集。如报纸上的一篇报导这样评论范文照的二奖作品说:"孙先生的铜像在祭堂后面,来瞻仰的人,到了孙先生的安葬所在,决不再到后面。"而且,"祭堂因坟墓在中间,只能应用半面,容量太小。"(图2-28)[2] 此外举行纪念周的场所还应该宽敞明亮。因此,虽然有过

---

1 《中山陵档案史料选编》,61页。
2 唐越石:"孙墓图案展览会访问记",《申报》,1925年9月23日。

图2-28 范文照：中山陵设计竞赛应征图案祭堂剖面，1925年。图片来源：孙中山先生葬事筹备处编《孙中山先生陵墓图案》（上海：孙中山先生葬事筹备处，1925年）

留法经历的评判顾问、雕刻家李金髪对范的作品赞许有加，认为其"尤有西洋哥特式之遗风及神秘之暗示"，并推荐它为头奖，但土木工程师、上海南洋大学校长凌鸿勋却批评它光线不足，并称赞吕彦直的入选作品"光线尚足"。

五、头奖作品

中国建筑师吕彦直的头奖作品，满足了葬事筹备处和评判顾问们期望中的新增纪念功能。并且，正如由葬事筹备处改组而成的总理陵墓管理委员会后来所说的，它足以"融会中国古代与西方建筑之精神，庄严简朴，别创新格，墓地适成一警钟形，寓意深远。"[1]

---

[1] 总理陵园管理委员会："总理陵管会关于陵墓建筑图案说明"，1931年1月，《中山陵档案史料选编》：154页。

图2-29 吕彦直（1894~1929）。
图片来源：Y.C.Lü，"Memorials to Dr.Sun Yat-sen in Nanking and Canton," *Far Eastern Review* 25, no.3（Mar., 1929）: 98.

了解吕彦直的经历对于理解他的作品十分重要。吕（1894~1929年，图2-29）童年丧父，9岁随姊赴巴黎，后回北京上中学。1913年，他从清华学校这所美国庚子赔款返还资助的留美预备学校毕业，进入康奈尔大学深造，1918年12月获学士学位，然后前往纽约，在茂飞的事务所（Murphy and Dana, Architects）任绘图员两年。当时，茂飞正在设计南京的金陵女子学院，该建筑典型地体现了他对于"适应性建筑"的追求，即融合中国宫殿传统与西方现代技术。[1]康奈尔大学档案馆保存的吕彦直档案中有一处通信地址，据此可见他在美国学习期间还曾去过首都华盛顿。[2]他于1921年初回到中国，就职于茂飞在上海的事务所（Murphy, McGill and Hamlin, Architects），并于同年加入了由两名中国工程师经营的东南建筑公司，不过直到次年3月才正式向茂飞辞职。[3]这些经历对吕后来的职业生涯至关重要，因为几乎可以肯定，在学院派风格的建筑学训练之外，他对中国式建筑，尤其是对清代官式建筑风格的了解，及对"适应性建筑"这一手法的掌握，主要来自于追随茂飞的这段经历；而巴黎、华盛顿和纽约一些著名的纪念物，很可能就是他创作的参考。

---

1 关于吕彦直的生平事迹，参见："故吕彦直建筑师小传"，《中国建筑》，第1卷，第1期，1933年7月；Cody, Jeffrey W., "Lü Yanzhi," in: Sennott, R.Stephen, ed.*Encyclopedia of 20th-Century Architecture*.vol.2（New York and London, 2004）: 798-799；Cody, *Building in China*, 63, 134, 148.

2 Lü Yanzhi file, Cornell University Archives, Cornell University, Ithaca, N.Y.

3 关于吕彦直与茂飞的合作，参见 Cody, *Building in China*, 148；吕彦直于1922年3月3日辞职，参见该书第167页注3。

吕彦直设计的祭堂长90英尺（27.4米），阔76英尺（23.1米），每边五开间（图2-30）。其他建筑师根据征求条例的要求将墓室置于祭堂中央，吕却对征求条例的意见作了大胆修改，在祭堂后面添加了一个独立的墓室。今天，人们走近祭堂，可以透过刻着"民生"、"民权"、"民族"门额的三扇大门，看到祭堂中央的孙中山坐像。它象征着孙的不朽存在。瞻仰者可以聚集在像前表达自己的敬意，再走过坐像，浏览周围墙上所刻孙中山的言辞，[1]经过道进入墓室，可环绕圆形墓圹瞻仰。墓圹内是安卧于石椁之上的孙中山卧像，象征着他不朽的躯体。如此，吕彦直创造了一个空间序列，它使纪念周和公祭这两种崇拜方式成为可以分别进行，却又相互连贯的仪式秩序（图2-31，图2-32）。

图2-30　吕彦直：中山陵设计竞赛应征图案，祭堂和墓室平面，获头奖，1925年。图片来源：孙中山先生葬事筹备处编《孙中山先生陵墓图案》（上海：孙中山先生葬事筹备处，1925年）

吕彦直的空间设计，不仅在功能上满足了仪式活动的需求，也

---

[1] 墙上所刻孙中山遗嘱和《建国大纲》是葬事筹备处在1927年10月27日选定的。1928年9月25日，又从一篇孙中山对国民党员的演讲词中选用了部分内容。还选用了他给黄埔军校的题词，具体日期不详，但肯定是在陵墓完工之前。除《建国大纲》外，其他文字在"文革"中被红卫兵斩凿，今已不存。

图2-31 孙中山奉安二周年之际在中山陵祭堂坐像前颁布临时约法,1931年。图片来源:《良友》,总第60期,1931年8月:7页。

图2-32 高祺：孙中山卧像，1930年。图片来源：本文作者摄，2002年。

符合了中国人对于孙中山作为一位历史伟人的想象。作为中华民国的创立者，孙中山死后被誉为中国的拿破仑或华盛顿，并与列宁、林肯相提并论。吕最初想模仿巴黎恩瓦立德教堂的拿破仑墓（Jules Hardouin-Mansart，1879~1891）来设计中山陵[1]——他曾经在巴黎度过自己的童年，故对这座建筑非常熟悉。当他改变想法，按照中国风格来设计中山陵后，依然为其保留了一个下沉的墓圹，使参观者能够环绕墓室，凭栏瞻仰孙中山的石椁和卧像，"与纽约格兰特墓及巴黎拿破仑墓同样"（图2-33，图2-34）。[2] 至于祭堂的设计，吕模仿了华盛顿林肯纪念堂（Henry Bacon，1911~1922）的空间构图。在美国求学期间，他很可能见过这座当时正在建造中的大厦。在他的应征设计

---

1 "吕彦直君之谈话"，《申报》，1925年9月23日。
2 Lü, Y.C., "Memorials to Dr.Sun Yat-sen in Nanking and Canton." *China Weekly Review*, 10 Oct.1928：70-72.

图2-33 下沉的墓圹与孙中山卧像。图片来源：本文作者摄，2002年。

图2-34 路易·维斯康提（Louis Visconti）：拿破仑墓的下沉墓圹，恩瓦立德教堂，巴黎，1879~1891。图片来源：Michael P.Driskel, *As Befits a Legend: Building a Tomb for Napoleon, 1840-1861*（Kent, Oh.: Kent State University Press, 1993）, fig.4。

中，祭堂内不是安置林肯纪念堂式的坐像，而是按照传统方式立一块碑，以满足"祭"礼的要求。然而他又确实模仿了林肯纪念堂内镌刻葛底斯堡演讲及其他演讲词的做法，准备在祭堂内四周墙上镌刻孙中山遗嘱、建国大纲等文字。林肯纪念堂的建成早于中山陵设计竞赛三年，中山陵祭堂的矩形平面和双列柱廊，反映了这个著名建筑典范的影响。得知葬事筹备处决定订制一座孙中山坐像后，吕在1928年明确提出，"孙氏铜像，安放祭堂内，与华盛顿林肯祭堂相似"（图2-35）。[1]换言之，其他中国应征者参考了与现代历史相关联的著名中式或西式纪念物来

---

[1] Lü, Y.C., "Memorials to Dr.Sun Yat-sen in Nanking and Canton." *China Weekly Review*, 10 Oct.1928: 70-72.

第二篇　探寻一座现代中国式的纪念物：南京中山陵的设计　　137

图2-35a　中山陵祭堂建成初期内景。图片来源：China Weekly Review，May 25，1929，p.558.

图2-35b　中山陵祭堂内景。图片来源：本文作者摄，2002年。

设计中山陵的外观,而吕却采用了同样的手法来设计其内部空间。

吕彦直的设计也反映了学院派的影响。例如,他的构图使用了轴线结构和水墨渲染表现方法;除此之外,祭堂和墓道广场前四柱牌坊的立面比例,以及祭堂所仿效的建筑原型,也都体现了学院派的传统。吕彦直设计的祭堂正立面为重檐,矗立于低平的方形基座之上。在水平方向,祭堂立面为古典主义的"三段式"构图,左右对称,两边各有一个突出的墩台,中轴线的四柱廊庑之后为三扇拱形门,与巴黎大凯旋门(Jean-Francois Chalgrin,1806~1836)一样,适成一几何上的正方形(图 2-36)。祭堂的中间部分——三扇拱门和重檐顶——构成一个矩形,宽高比例为 3:5,两边部分各占五分之一的比例。他设计的四柱牌坊高宽比例为 2:3,与佛罗伦萨的巴齐礼拜堂(Filippo Brunelleschi,1444)这一文艺复兴时期的经典作品一样。2:3 和 3:5 这两种比例,都在斐波纳契数列[1]之中,它们与正方形一样,都是西方古典式建筑所偏爱的理想比例。因此,这两座建筑显示了建筑师的努力,即在中国风格的建筑设计中融入学院派建筑学理论所体现的构图原则。

按照征求条例的要求,为了赋予祭堂外观"中国古式",吕彦直采用了与其他建筑师类似的手法,即使用坡檐、曲面屋顶、斗栱,以及其他传统装饰母题。为了突出祭堂的规模或高度,其他建筑师或从东方或从西方建筑中去寻找纪念建筑范型,吕却选择了一个朴素得多的参照。他的设计源于罗马凯旋门传统,总体构图与凯尔西和克瑞(Albert Kelsey and Paul P.Cret)[2]设计的华盛顿泛美联盟大厦尤其相似,后者是 1907 年竞赛的获奖作品,也是 20 世纪初美国最著名的建筑之一,是吕在华盛顿期间的参观对象之一(图 2-37,图 2-38)。这一公众建筑的范型,使得他的设计虽有欠震

---

[1] Fibonacci sequence,即 1:2:3:5:8:13:21:34……的序列,后一位数字与前一位的比值渐趋于黄金分割比例 1.618:1。

[2] 2006 年补注:克瑞即后来中国著名建筑家杨廷宝、梁思成等人的老师。

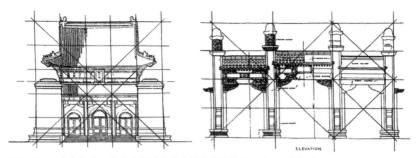

图2-36a　本文作者：吕彦直设计的中山陵祭堂和牌坊正立面比例分析。图纸来源：南京工学院建筑系编《中国建筑史图集》（南京：南京工学院，1978年），图103-2，图103-3。

图2-36b　中山陵祭堂。图纸来源：本文作者摄，2002年。

图2-36c　中山陵"博爱"坊。图纸来源：本文作者摄，2002年。

图2-37 吕彦直：中山陵祭堂立面图，1925年。图片来源：Prize-winning Design of Mausoleum for Body of Dr.Sun Yat-sen is Won by Shanghai Architect, *China Weekly Review*, Oct.3, 1925: 113-114.

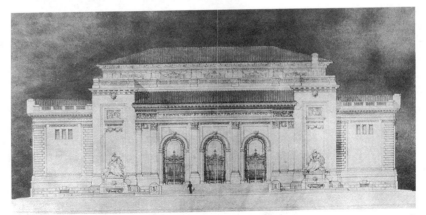

图2-38 凯尔西（Albert Kelsey）和克瑞（Paul P.Cret）：泛美联盟大厦立面图，华盛顿，1907年。图片来源：Grossman, Elizabeth G., *The Civic Architecture of Paul Cret*（Cambridge: Cambridge University Press, 1996），fig.26。

撼和辉煌,却不失纯朴和平易。[1]正如评判顾问们所说的,它"简朴浑厚","建筑费较廉";"古雅纯正","形势及气魄极似中山先生之气概及精神。"[2]

与祭堂的简朴相比,吕彦直设计的墓地总体规模却很壮阔(图2-1,图2-39)。陵墓区域沿中轴线分布,占地1200亩,四周的围墙呈钟形。陵区南端的椭圆形广场上矗立着一座四柱牌坊,标志着谒陵路线的开端。牌坊之后是三洞陵门,入门即为雄伟的登临台阶,长约550英尺(167.6米),宽约100英尺(30.5米)。全部台阶由五个平台分为八段,形成了开阔的空间,如征求条例中所说,它能够容纳五万人举行纪念仪式。台阶之上、祭堂之前,是另一个宽敞的大平台,大平台两端各立一根华表,中间为祭堂。宏大的规模,以及吕彦直采用的几乎所有建筑元素,包括牌坊、三洞陵门、华表、祭堂,甚至那堪与皇陵神道相比拟的长台阶,都可以在明清帝王陵寝中找到对应,因而与葬事筹备处为此建筑所设定的"陵"名非常相称。具有反讽意味的是,孙中山反对皇权,却像皇帝一样被安葬,并且拥有中国唯一的非帝王陵墓。尽管如此,如汪利平所指出,"陵墓"一词"清楚地显示了他作为国家元首的地位;它也使孙中山的形象具有了神圣的光环。"[3]

将帝王陵寝中的建筑元素运用于民国领袖的坟墓,吕彦直并非第一人。中华民国首任正式总统袁世凯曾经试图复辟帝制并称帝,[4]他的墓地设计即与清代帝王的陵寝类似。不过,因为袁死前被迫放弃帝制,这座墓不称"陵",而是如孔子在曲阜的墓地那样被称为"林"。[5]尽

---

[1] 关于泛美联盟大厦,参见:Grossman, Elizabeth G., *The Civic Architecture of Paul Cret* (Cambridge: Cambridge University Press, 1996): 26-64.

[2] 凌鸿勋、李金髮和王一亭,分别见:徐友春、吴志明主编《孙中山奉安大典》(南京:江苏人民出版社,1989年):101-103,103,98-99页。

[3] Wang, "Creating a National Symbol," 33.

[4] 袁的"洪宪"帝制仅持续了83天,从1916年1月1日到3月23日。

[5] 尽管如此,袁世凯的儿子和一些追随者还是以帝王之制为他入殓、安葬。参见:王钦祥、宰学明《袁世凯全传》(青岛:青岛出版社,1997年):493页。

图2-39a 中山陵从山脚通向祭堂和墓室所在大平台的雄伟台阶。图片来源：China Weekly Review，May 25，1929：553.

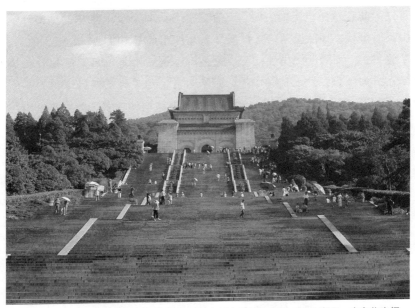

图2-39b 中山陵从山脚通向祭堂和墓室所在大平台的雄伟台阶。图片来源：本文作者摄，2002年。

管如此,他的墓地依然包括一些源自清代陵寝的元素,如石桥、牌坊、华表、碑亭、神道和石象生(图 2-40),以及后面的祭堂和墓室。

吕彦直设计的中山陵图案尽管源于传统,却具有鲜明的非传统特征,这不仅体现于祭堂的西式学院派建筑构图,还体现为中国近代史研究者李恭忠所提出的"开放的纪念性",[1]后者很好地概括了祭堂前大平台和登临石阶的特征。巨大的开阔空间便于群众聚会,举行纪念活动,从而彰显孙中山及其党派的声望和影响力,而这种

图2-40　建筑师待考:袁世凯墓——袁林,河南安阳,1916~1918年。图片来源:乐炳南编《中国历史图说(十二)·现代》(台北:文海出版有限公司,1984年),图148。

影响力在反对军阀和帝国主义的群众运动蓬勃兴起的,20 世纪 20 年代的中国尤为重要。此外,吕淘汰了一些与迷信和等级制度有关的细部,包括袁林和其他帝王陵寝神道两侧的石象生。他还对其原始获奖设计进行过修改,用几何图形(图 2-41)取代了屋脊吻兽的龙形图案这一传统装饰中帝王权力的象征。[2]吕虽然保留了其他许多传统装饰母题,但他对龙形图案的摒弃,却与创造一个现代中国纪念物的目标非常一致。几乎可以肯定,这一修改受到了另一位应征者杨锡宗的启

1　李恭忠《丧葬政治与民国再造——孙中山奉安大典研究》(南京:南京大学博士论文,2002 年):58-61 页。

2　入口处还作了另一则较大的改动:根据凌鸿勋在评判报告中的建议,在施工图中,三扇门被移至外墙。

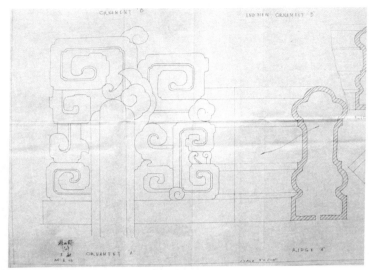

图2-41a 吕彦直：中山陵祭堂屋脊"鸱吻"设计。图纸来源：南京城市建设档案馆。

图2-41b 中山陵祭堂屋脊。图片来源：本文作者摄，2002年。

发。竞赛结束后，杨的应征作品被公开发表，他在说明书中写道："此屋之装饰点缀，皆从中国古代建筑中采取，凡与清代联想有关之装饰，如龙之类，以其与孙博士改革之主张相违背，皆摒不用。"[1]

总之，吕彦直的作品"简朴浑厚"，评判顾问们由此判断它具有材质上的坚固性和经济上的可行性。它体现了"纪念周"和"公祭"这两种崇拜方式的圆满结合；体现了崇拜一位中国伟大领袖的仪式功能与一些著名西式纪念物的空间造型的结合；体现了中国风格的建筑形式与学院派建筑原理的结合；还体现了中国式陵墓的宏壮与现代市民大厦的公共性之间的结合。它是一座混合性质的现代建筑，从东方和西方、历史过往和当代世界中都吸取了营养。

六、钟形平面

吕彦直的作品尽管符合葬事筹备处关于简朴、中国风格和纪念功能的要求，不过尤其吸引评判顾问们注意的，还是它那无意而成的钟形平面的象征意义（图 2-42）。评判顾问凌鸿勋指出它"尤有木铎警世之想。"[2]李金髪说："从上下望建筑全部，适成一大钟形，尤为有趣之结构。"[3]吕彦直否认自己有意将中山陵设计成钟形，他说："此不过相度形势，偶然相合，初意并非必求如此也。"[4]然而不久以后，国民党和公众就接受了这一钟形的阐释。1926 年 1 月 12 日，在国民党第二次全国代表大会上，"国父"之子、葬事筹备处中的家族代表孙科，向大会作葬事筹备报告，首次正式使用"木铎"一词来指称中山陵的

---

[1] "杨锡宗关于孙中山陵墓计划说明书"，葬事筹备处编《孙中山先生陵墓图案》，17–18 页。

[2] 徐友春、吴志明主编《孙中山奉安大典》（南京：江苏人民出版社，1989 年）：101–103 页。

[3] 同上，103 页。

[4] "吕彦直君之谈话"，《申报》，1925 年 9 月 23 日。

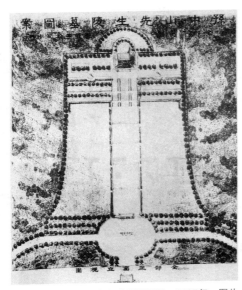

图2-42 吕彦直：中山陵总平面图，1925年。图片来源：孙中山先生葬事筹备处编《孙中山先生陵墓图案》（上海：孙中山先生葬事筹备处，1925年）

平面图。[1]1931年，总理陵园管理委员会出版了《陵墓设计报告》，其中提到"墓地全局适成一警钟形，寓意深远。"[2]

吕彦直的设计并非纪念孙中山的活动中出现的唯一钟形。孙逝世后，北京各大专学校纪念孙中山先生筹备委员会就曾决定"送铜质金铎一座，刻'奋斗'二字，以便存放中山先生墓永久纪念。"[3]在奉安大典之前举行的移灵仪式的祭台上大概就有这座金铎（图2-43）。钟形在孙中山的葬礼上为何显得如此重要？参观者非经鸟瞰实际上难以觉察的钟形平面为何会受到如此热情的称赞？设计过程中建筑师的一笔权宜图形，如何变成了作品的最成功之处？这一方案为何能在评判顾问和葬事筹备处诸人中产生如此共鸣？

凌鸿勋所说的"木铎警世"，是理解这一钟形平面附加意义的关键。他说的"木铎"是一种木舌铜钟，在古代中国用于诏令颁布。他是从《论语》中借用了该词，而在《论语》中，木铎是一个用来赞美孔子的比

---

1 "孙科在国民党'二大'会议上报告孙中山葬事筹备经过发言记录"，见：徐友春、吴志明主编《孙中山奉安大典》（南京：江苏人民出版社，1989年）：104-107页。
2 《中山陵档案史料选编》，154页。
3 刘中杭编《孙中山先生荣哀录》，44页。

喻，诚如仪封人对孔子门徒所说："天将以夫子为木铎。"[1]并非巧合的是，孙中山的两名追随者戴季陶和陈布雷在1911年创办了一份报纸就叫《天铎》。[2]不过，凌的评论还借用了陈天华那本名著的书名，即1913年出版的《警世钟》，该书呼吁国人从列强的压迫下拯救中国。[3]在《唤醒中国：国民革命中的政治、

图2-43　奉安大典之前，1929年5月22日举行的移灵仪式上的祭品，照片左下角可见一钟。图片来源：南京市政府，中山陵园管理局编《中山陵史料图集》（南京：江苏古籍出版社，1996年）：73页。

文化与阶级》一书里，费约翰（John Fitzgerald）将中国的觉醒看作是20世纪中国现代化以及文化、政治重建的核心问题。然而，正如费氏所指出，民族的觉醒不是自发的，"改革家和革命家们具有一种强烈的目的感，一种对于理性的支配地位的热切认同，以及一种追求政治组织和纪律的可畏力量，他们呼唤着要'唤醒'整个国家。"[4]除了孙中山之外，持不同信念的许多利益团体、研究会和政治派别也参与了这场运动。20世纪20年代，"各种各样的晨钟、晨警、鸣鸡、晨学会，竞相出现于各大都市日报的文学副刊上。"[5]这些报刊包括天津妇女爱

---

1 《论语·八佾》："仪封人请见，曰，君子之至于斯也，未尝不得见也。从者见之，出曰：'二三子，何患于丧乎？天下之无道也久矣，天将以夫子为木铎。'"感谢邹羽（John Yu Zou）博士提醒我注意中山陵钟形平面的这一历史关联。
2 尚海、孔凡军、何虎生主编《民国史大辞典》（北京：中国广播电视出版社，1991年）：48页。
3 为了抗议日本政府1905年制定的限制中国学生行动的章程，陈天华（1875~1905）蹈海自杀。他的重要著作还有本文将提及的《狮子吼》。
4 Fitzgerald, John, *Awakening China: Politics, Culture, and Class in the Nationalist Revolution* (Stanford: Stanford University Press, 1996): 3.
5 同上，31.

图 2-44 高奇峰:"威力震大千,吼声出三界",纸版水墨画,1927年。图片来源:《高奇峰先生荣哀录(第一辑)》(上海:民享印务股份有限公司,1934年):无页码图号。

国同志会出版的《醒世周刊》,中国青年党出版的《醒狮》,上海同济医学专科学校学生出版的《自觉月刊》,北京农学专科学校教职员出版的《醒农》,国民党出版的《民觉》《觉悟》,以及共产党人出版的天津《觉悟》和《觉邮》,都出现于1919年五四运动之后。[1] 在其晚年,孙中山注意到了鼓动国人进行国民革命的重要性,其遗嘱开头便写道:为了实现国民革命这一目标,"必须唤起民众。"[2]

作为意在唤醒中国民众的文化政治的一部分,中国现代艺术中的许多符号使"唤醒"这一主题得以普及。例如,与陈天华那本著名的小册子一样,日本的《神户新闻》以"狮子吼"为标题,报道了孙中山临终前赴京途中在日本所作的演讲。[3] 1927年,曾经留学日本的中国画家高奇峰,以"威力震大千,吼声出三界"为题,为广州中山堂绘制了一幅雄狮图(图2-44)。正如费约翰和郭适(Ralph Croizier)所指出的,民国初期出现了一大批象征性艺术母题,其中包括飞禽走兽。除了吼狮之外,警觉的猛虎和敏锐的鹰隼,都是高奇峰及其同时

---

1 Fitzgerald, John, *Awakening China: Politics, Culture, and Class in the Nationalist Revolution* (Stanford: Stanford University Press, 1996): 30-31.
2 Tyau, ed. *Two Years of Nationalist China*, 参见本文开头引用的文字。
3 陈德仁、安井三吉编《孙文演讲大东亚主义史料集》(京都,1989年):107-124页;也见注释70。

图 2-45 刘士琦：五卅烈士墓，上海，1925~1926年。图片来源：伍联德编《中国大观》（上海：良友图书印刷有限公司，1930年）：168页。

代艺术家们所热衷的题材。[1]而为1925年五卅运动死难者而修建的窪堵波形公墓（刘士琦，1926年），顶部伫立着一只雄鸡，象征着黎明和觉醒（图2-45）。墓前立着一块碑，上面刻着立碑者的训诫："来者勿忘！"

没有任何符号能比"钟"更适合于初生的民国，因为它还与西方文化中的革命和独立主题相关。1906年，清朝官员戴鸿慈访问费城，在日记里记载了用以纪念美国独立战争胜利的著名纪念物——自由钟。[2]这口自由钟的图样，早在1904年即已为革命党人所采用，并且作为装饰图案出现于新加坡一个海外华人组织出版的《图南日报》刊头（图2-46）。20世纪10年代，"自由钟"被运用于另一个民国纪念物——广州黄花岗七十二烈士墓（建筑师待考，1917~1926年）。该建筑由国民党美洲各支部资助，墓的主体结构采用了美国三个最著名的纪念物的装饰母题来表达共和理想：一尊自由像矗立于纪念墙之上，墙的前方是一座顶部呈钟形的亭子，内放一通方尖碑形的墓碑，后者的造型显

---

[1] 在《唤醒中国》一书里，费约翰还讨论了高奇峰的绘画，以及它们与现代中国"唤醒民众"的政治文化之间的关系。在这一点上，他借鉴了 Raph Croizier 的 *Art and Revolution in Modern China: The Lingnan (Cantonese) School of Painting, 1906~1951*（Berkeley，1988）一书。

[2] 戴鸿慈《出使九国日记》，93-94页。

然可以诠释为美国首都的华盛顿纪念碑（图 2-47）。

随着反帝反封建的民族主义的兴起，视觉艺术中的钟形题材开始与以觉醒为主题的文学形式相伴。例如在前述五卅烈士墓的设计过程中，中华全国警钟会曾提议在墓道安置一"警钟"：

> 五卅惨案，全国震惊，同人等目击心伤，遂有警钟会之发起；冀藉五分之钟，敲破睡狮之梦。乃曾几何时，浑浑焉，噩噩焉，烟消云灭，正气日沉。瞻望前途，吾怀曷极。今者诸君子顾念烈士之魂，爰有丧葬之设。从此苌弘之血，上薄霄汉；博望之气，长流天地。诸君子之志，诚我薄海同志之志也。惟同人等欣慰之下，窃有一得之愚，甚愿与诸君子一商榷焉。盖墓碑所以存久远之基，警钟所以传久远之声，故同人等深愿捐助警钟一座，立之墓道。倘蒙采纳，于建筑时，得辟一弓之地，位之钟座，则中国之魂，庶有警醒之日矣。[1]

图 2-46 《图南日报》刊头的自由钟图案。图片来源：Compilation Committee, *A Pictorial History of the Republic of China: Its Founding and Development*, vol.1（Taipei: Modern China Press, 1981），fig.4.

1927 年，为了纪念 1923 年在"二七"惨案中被军阀杀害的烈士，国民党黄埔军校学员曾发行了一份同学录，其中有一幅漫画，表现了由滴着鲜血的"二七"烈士们的头颅所充当的钟舌正在敲击着一口大钟。漫画中的题字是："砰然一声，全国工人从梦中惊醒"（图 2-48）。

---

[1] 五卅烈士莹墓应置警钟之建议. 申报，1926 年 4 月 25 日。感谢王浩娱女士代为查找这篇文献。

第二篇 探寻一座现代中国式的纪念物：南京中山陵的设计 151

图2-47 杨锡宗（待考）：黄花岗七十二烈士墓，广州，1917~1926年。图片来源：伍联德、梁得所编《中国大观》（上海：良友图书公司，1930年）：150页。

图2-48 "砰然一声，全国工人从梦中惊醒"，《黄埔军校同学录》，1927年。图片来源：黄埔军校同学会编《黄埔军校建校60周年纪念册（1924-1984）》（北京：长城出版社，1984年），图112。

钟形图案被广泛使用，呈现为如此众多的视觉和文本形式，在这种语境下，中山陵的钟形平面自然获得了评委们的赞赏，并在后人的记述中被称作"警世钟"、"警钟"，甚至"自由钟"。[1]

结语

中山陵设计是为了创造一个现代中国式纪念物，它将能够体现孙中山关于现代中国的理想，这就是他的"三民主义"思想所追求的物质文明、政治民主和民族独立。图案竞征过程中，对于征求条例所要求的"中国古式"建筑，以及"distinctive monumental features"（或者说"纪念之性质"），应征者从跨文化、超历史的语境出发，提出了密切相连的不同见解。这些见解包含着复杂的文化和历史关联，蕴藏着多种多样的阐释可能，使中西应征者采取了不同的手法，来寻求一个"中国古式"的现代共和纪念物。应征作品中，吕彦直的头奖作品最符合国民党的期望，因为它具有经济上的可行性，功能适当，风格上能够融合西方现代性与中国民族性，并且体现了一种象征性的联想——"唤醒中国"。简言之，它传达了多层面的意义，在不同方面呼应了那个时代对象征性形象的需求。该作品不是历史的再现，而是经过了现代中国这一理想的选择和评判的结果。作为界定何为"现代中国"建筑的媒介，中山陵显示了正处于民族国家建设初期的中国，是如何通过建筑的途径来表达新式共和理想、追求现代化和民族性，以及在国际参照系内进行自我界定的复杂性。

1926年2月，也就是中山陵设计竞赛结束五个月之后，国民政府发起了广州中山纪念堂设计竞赛，吕彦直再次获得头奖。他的作品依

---

[1] 2006年补注：近代时期采用钟形母题的重要设计还有：1912年重建的杭州秋瑾墓（王士伦《杭州文物与古迹》，北京：文物出版社，1988年：80）；1932年杨锡宗为广州中山大学石牌新校所作的规划（国立中山大学二十一年度概览。转见：彭长歆《岭南建筑的近代化历程研究》，华南理工大学博士学位论文，2004年：161页）。

旧体现了学院派传统与中国式母题的结合，采用了"希腊十字"的平面，中心部分的鼓座为八角攒尖顶，四边加中式风格的屋宇。但就在1929年6月1日的孙中山奉安大典前夕，吕却于3月18日不幸病逝，最终未能亲眼一睹自己在中国现代建筑史上两件杰作的竣工开放。对于中国式现代建筑的追求始于茂飞和其他外国建筑师，参与中山陵设计竞赛的中西建筑师们紧随于后；这种追求，以及融合中西建筑传统的手法，在20世纪20年代中期之后被越来越多和吕彦直具有同样抱负的中国建筑师所继承。在他们当中，一批宾夕法尼亚大学的毕业生成为主角：范文照（1921届学士）在1927年以后为新的首都南京设计了一批最重要的中国式政府建筑；赵深（1923届硕士）于1932年当选为中国建筑师学会会长，倡导"融合中西建筑之特长、以发扬吾国建筑之固有之色彩"；[1] 还有杨廷宝（1925届硕士），他是克瑞的得意门生，也是他那个时代最多产的中国建筑师。与吕彦直一样，杨也试图通过融合中国式样和学院派传统的比例原则，使中国风格的设计规范化。[2] 20世纪最杰出的中国建筑史家梁思成（1927届硕士）及其妻子林徽因（1927届学士）则一直致力于发现中国传统建筑中可与西方建筑对应的"经典语言"。[3] 总而言之，中山陵设计过程中对中国式纪念物的探寻，进一步推动了对于建筑的中国风格的探讨，这

---

1 赵深："发刊词"，《中国建筑》，创刊号，1932年11月：1页。
2 参见 Xing, Ruan, "Accidental Affinities, American Beaux-Arts in Twentieth-century Chinese Architectural Education and Practice," *Journal of the Society of Architectural Historians* 61 (Mar.2002), p.30~47; 赖德霖："折中背后的理念——杨廷宝建筑的比例问题研究"，《艺术史研究》，第4卷，2002年：445-464页。
3 赵辰："'民族主义'与'古典主义'——梁思成建筑理论体系的矛盾性与悲剧性之分析"，见：张复合主编《中国近代建筑研究与保护（二）》（北京：清华大学出版社，2001年）：77-86页；Li Shiqiao（李士桥），"Writing a Modern Chinese Architectural History: Liang Sicheng and Liang Qichao," *Journal of Architectural Education* 56 (Sept.2002): 35-45; 赖德霖："梁思成林徽因中国建筑史写作表微"，《二十一世纪》，总第64期（2001年4月）：90-99页；赖德霖："设计一座理想的中国风格的现代建筑——梁思成中国建筑史叙述与南京国立中央博物院辽宋风格设计再思"，《艺术史研究》，第5卷，2003年：471-503页。

种风格不仅将代表现代的中国建筑，而且也将代表孙中山曾经期待着的现代中国。

致谢：

本文的思想，源于我在芝加哥大学跟随巫鸿、Katherine Fischer Taylor、唐小兵和杜赞奇（Prasenjit Duara）诸位教授所修课程；在研究和写作过程中，他们几位，还有 Elizabeth Grossman 教授，柯必得（Peter Carroll）、谢威廉（William Schaefer）、李恭忠、伍江、钱锋诸位博士，以及我的朋友和同事 Lenore Hietkamp、郑如珀（Bonnie Cheng）、林伟正（Wei-cheng Lin）、施纯琳（Catherine Stuer）、王必慈（Peggy Wang），在论证、文法和史料方面都为我提供了许多帮助。在文章的发表阶段，美国《建筑史家学会会刊》（Journal of the Society of Architectural Historians）的主编 Nancy Stieber 教授，编辑 Diana Murphy 和 Lucy Flint 女士，以及一位匿名评阅人，为我提供了极富启发性和深入细致的修改意见。多年以来，我获得了不同机构的资助，其中纽约的亚洲文化协会（Asian Cultural Council）从 1995 年起一直支持我研究美国对中国现代建筑的影响。在此我对所有上述帮助表示由衷感谢，同时对文章的内容负责。

注：原文刊登于 *Journal of the Society of Architectural Historians*（建筑史家学会会刊）64，no.1（March，2005）：22-55。承南京大学历史系李恭忠博士翻译成中文，对此笔者至为感谢。

第三篇　中山纪念堂——一个现代中国的宣讲空间

"国府成立以来，各地提倡新政，往往举行公众大集会，乃有大会堂或大会场之建筑，就中以广州中山纪念堂为最伟大。"
——慰堂："志广州中山纪念堂"，《申报》，1933年3月21日

在我面前有两幅照片，一幅反映的是晚清中国的私塾（图3-1），另一幅是现代学校的教室（图3-2）。尽管两张照片只是无数的相似场景中的两个，它们所表现的空间却不无代表性地反映了两种截然不同的教育理念和空间使用方式。中国现代教育家俞子夷将新旧教育法的差别概括为自学式"练习"和讲授式的"启发"，[1] 相应地我们可见，在私塾的空间中学生面对各自的书本，它们是儒家的经典，也是他们知识的主要来源，而老师位于学生背后，他/她是空间中的督导者；相反在教室的空间中，老师位于学生之前，如同教堂中的牧师，他/她是空间中的宣讲者。教室的空间和教堂的空间因此相似，它们都可以被称为"宣讲空间。"

1979年，英国建筑史家佩夫斯纳（Nikolaus Pevsner）在其《建筑类型史》一书中把19世纪新建筑类型的大量增加视为西方社会大变革的产物。他重点讨论了纪念碑、图书馆、剧场、医院、监狱、

---

1 俞子夷："小学教学法上的新旧冲突"，田正平、肖朗主编《中国教育经典解读》（上海：上海教育出版社，2005年）：535–545页。

图3-1 "私塾里的老师和学生"。图片来源:于吉星、陈祖恩编《老明信片·风俗篇》(上海:上海画报出版社,1999年):132页。

图3-2 "传教士在乡村设立教堂,向孩子们传授文化和天主教义"。图片来源:于吉星、陈祖恩编《老明信片.风俗篇》(上海:上海画报出版社,1999年):55页。

图3-3　吕彦直：中山纪念堂，广州。图片来源：本文作者摄，2002年。

旅馆和工厂等类型建筑的发展。[1]毫无疑问，在世界范围的现代化过程中，这些建筑类型的出现具有广泛的普遍性，对于中国也不例外。不过，在我看来，作为一种教育民众的建筑，教室和会堂所代表的宣讲空间对于中国的现代化，尤其是民族国家的建设，同样具有重要意义。

现代宣讲空间在中国是如何出现的？它是如何被纳入中国的民族国家建设的？它又是如何与中国的建筑传统发生矛盾并对之进行改造的？本文试图通过分析广州中山纪念堂这个个案回答这些问题。从1931年落成到1959年北京人民大会堂竣工，广州中山纪念堂一直是中国会堂建筑中规模最大者。它也是20世纪中国建筑"民族风格"的一个重要实例（图3-3）。本文拟将这件作品置于20世纪初期中国

1　Pevsner, Nikolaus, *A History of Building Types*（Princeton, New Jersey: Princeton University Press, 1979）

社会与建筑现代化发展的多重背景之下进行研究。这些背景包括民众集会和大众教育空间的发展,建筑的中国风格探求,以及西方学院派建筑教育的影响。

一、传统聚集空间与现代宣讲空间

1926年2月,国民党领导的国民政府决定在其大本营——广州为孙中山建造一座建筑以纪念这位在一年前逝世的总理。建筑的名称是"纪念堂",它显然参考了美国华盛顿的林肯纪念堂(Henry Bacon,1911~1922年)。但是不同于后者的单纯纪念功能,中山纪念堂是一座会堂类型的建筑,这一类型的建筑用于集会、演讲、教育民众、宗教性礼仪和布道。以一座会堂建筑纪念孙中山颇不寻常,它体现了一种将对孙中山个人的纪念与对他的思想的宣传相结合的努力。

中国历史上也有服务于教育的宣讲空间,如佛教寺院和书院中的讲堂。但它们在中国社会中并不普及。而且,随着净土宗佛教的兴起并与禅宗佛教的融合,以及偶像崇拜的再度普及,南宋以降寺院中供瞻拜的佛殿在重要性和规模上已逐渐超过了用于开示说法的法堂。[1] 此外,由于明代后期朝廷对东林党和复社的镇压以及清代继续限制士林的言论自由,书院教育趋于官学化,即从宣传义理转变为服务科举,教育方式也从讲学变为强调写作的考课。[2] 作为一种公共集会和教育的设施,会堂建筑直到近代才又出现在中国的社会生活之中。这是中国历史上一个王权衰落、西方影响加强的时期。伴随着列强在中国的军事及经济扩张,会堂建筑首先以教堂的形式在中国普及。毫无疑问,每座教堂就是一个会堂。与之相似的是现代学校的教室,尽管它的规模稍小。与传统中国诵读式的教育方法不同,教会的传道和学校的教

---

1 张十庆《中国江南禅宗寺院建筑》(武汉:湖北教育出版社,2002年):72–74页。
2 李国钧主编《中国书院史》(长沙:湖南教育出版社,1994年):799–821页。

图3-4　吴友如,"华人戏园"。图片来源:吴友如《申江胜景图》(上海:点石斋印书局,1884年):20页。

育主要通过讲授和听讲来实现。二者都由外来者引入,用于与中国国家政权争夺信众。

一座现代的会堂与中国传统建筑中另一些聚集空间如戏园和会馆也有着根本的区别。在传统的戏园中,戏台伸入听众席"池子",演员因此在三面被观众围绕,其表演不是独立于观众而是在他们之中(图3-4)。观众也不是面对戏台而是围着餐桌而坐。[1]他们可以边看戏,边吃点心、喝茶和谈天,甚至在演出过程中随意走动,对于演员的表演

---

[1] 梅兰芳曾评论传统的戏园说:"楼下中间叫池子,两边叫两廊。池子里面是直摆着的长桌,两边摆的是长板凳。看客们的座位,不是面对舞台,相反的倒是面对两廊。要让现在的观众看见这种情形,岂不可笑!其实在当时一点都不奇怪。因为最早的戏馆统称茶园,是朋友聚会喝茶谈话的地方。看戏不过是附带性质,所以才有这种对面而坐的摆设。"见梅兰芳《舞台生涯四十年》,梅绍武、屠珍主编《梅兰芳全集(一)》(石家庄:2001年),卷1,46页。事实上中国传统戏园在近代也被"文明"改造,转变为与会堂相似的"宣讲空间"。参见廖奔《中国古代剧场史》(郑州:中州古籍出版社,1997年)。

他们也可任意报以喝彩或起哄。戏园和会馆因此是一种娱乐空间，其特点是非秩序性和非纪律性，因为它缺少对空间中的人们所在位置和行为的规定性要求，除了台下的观众和台上的演员有观与演的交流，观众之间也可以随意谈笑。在这里演员不是靠其对观众的权威性而是靠其名望和演技而获得对于空间的控制。

现代会堂空间有若干与戏园和会馆截然不同的特点。首先，它清楚地界定了讲演者和听众各自的空间区域，二者相向而处，形成直接的交流关系。其次，面向讲台平行排列的座椅赋予听众席一种秩序性，它使得讲演者可以感受到自己对于听众的控制，同时获得在空间中的权威感。第三，讲演者在空间中的位置由于讲台而得到加强，他/她面对观众，不仅是空间中的视觉焦点也是空间中的信息来源，而声学方面的设计也强化了讲演者的声音在空间中的传播，因此讲演者对听众的宣讲压制了观众之间的交流，于是空间中的交流变成单向。教室和会堂因此可以被称作一种宣讲空间，它使得一个大的群体可以被教育，而在这个过程中讲演者与听众、领导者与被领导者之间的关系被明确界定。会堂建筑体现了一种新认识，这就是利用空间来促进大众教育。这种认识原本体现在基督教教堂和传教士开办的现代学校之中，继而被中国的启蒙者们广泛采用。并非偶然，在20世纪初，中国有关现代科学与文明的书刊里也出现了对会堂声学设计以及西方著名会堂的介绍。[1]

中国从专制的王朝到共和的转型伴随着公民社会的扩大以及公共集会和演讲的普及。梁启超接受日本政治家犬养毅的观点，认为现代的学校、报纸以及演讲是"文明普及三利器"。他说："今日凡有集会，无不演说者矣，虽至数人相集宴饮，亦必有起演者，斯实助文明进化

---

[1] 例如，由梁启超主编的《大中华》杂志也在1916年7月20日发表了美国密歇根大学礼堂的内景照片。说明是"世界最完善之会堂，在美国密歇根大学作抛物线形，其讲坛在其焦点处，故声音得直达听众之耳。"由中国工程师张锳绪撰写、由商务印书馆在1910年出版的中国近代第一部建筑学著作《建筑新法》曾有一节介绍"均视听之法"。

一大力也。我中国近年以来，于学校报纸之利益，多有知之者，于演说之利益，则知者极鲜。去年湖南之南学会、京师之保国会，皆西人演说会之意也。湖南风气骤进，实赖此力，惜行之未久而遂废也。今日有志之士仍当著力于是。"[1]新型的交流不仅促进了白话文在教育中的普及，还促进了做笔记与口头表达的训练。[2]尤其重要的是，当政治宣传需要依赖公共领域而进行时，公共集会的空间如会堂、影院、传统戏园、会馆就或被创造、或被利用以服务于宣传功能。[3]

在20世纪的最初二十年，中国还出现了另一种聚会空间，这就是议会会场。1901年签订的《辛丑条约》带给中国的耻辱和1905年日本在对俄战争中的胜利促使清政府以日本为榜样对政治、军事、经济和教育进行改革。1906年9月1日，清廷宣布预备立宪，北京和一些省会随之筹建议院和咨议局。议会空间的要求是使参与者能够在其中进行议政，其最基本的特点是在承认讲演者在空间中的主导地位的同时，允许空间中的参与者在视觉上甚至听觉上有交流的可能性。清末民初的北京资政院议场（建筑师不详，约1910年）就是这种议会

---

1 梁启超："传播文明三利器"，见梁启超《饮冰室合集－专集》，第6卷，第2册（北京：中华书局，1989年）：41页。
2 如1913年教育总长陈振先曾发训令，强调笔记在现代教育中的重要性。训令说："各国高等专门学校及大学校，教授各种学科多不用课本，悉由讲师口授，学生笔记，故阐发既极详尽，聆受亦甚明确。吾国各处专门以上学校渐已仿用此法。乃学生往往以笔记为苦，固由各校程度参差不齐，亦因平日未经练习，以致临时困难，不能详达讲师指授之意蕴，或仍以课本及编发讲义为迁就之策。兹由本部酌定办法，凡中学校、师范学校，以后自第三学年始，任择何种科目，每周以二时或三时就教员所讲令学生笔记，逐渐加详加速，仍由教员随时察视，指正讹误。庶预备有素，日后升学听讲，无扞格不通之弊，即有不升学者，得经此时练习，将来书写文字，自能敏捷，亦属裨益甚多。为此令知，即便遵照办理可也。此令。"（见《政府公报》，第341号，1913年4月19日）而在1914年12月26日，寰球中国学生会举办一个由六所上海大学参加的"演说竞争大会"，因为"开会演说为极有益之事业，东西各国无不视为重要之举。"（见"六校竞赛口才"，《申报》，1914年12月24日）
3 例如，从1912年8月至9月，孙中山在北京做了五次讲演，地点在湖广会馆。同年10月15日他又在上海做了一次讲演，地点是大华戏院。参见沈念乐《琉璃厂史话》（北京：文化艺术出版社，2001年），107页；广东省社会科学院历史研究所、中山大学历史系孙中山研究室编《纪念孙中山先生》（北京：文物出版社，1981年），图140。

空间的代表（图 3-5）。由于日本是东亚通过君主立宪制实现国家现代化的典范，资政院议场的设计参照了日本的帝国议会议事堂（吉井茂则，Adolph Stegmueller，1890 年）（图 3-6）。议场空间的视觉焦点是御座，即君主立宪体制下的国家元首的席位。其前方依次是议长和副议长席、议台、议台两侧的军机大臣和行政大臣席，以及面对这些席位的 8 排共 200 位议员席。议员席排列仿若以御座为轴的一幅扇面，它使得皇帝与议员能够以最短的视线距离相向而坐。这个距离不超过 25 米，保证双方都可以清楚地看到对方的面容和表情以及由此所表达的政治态度。南京江苏省咨议局（孙支厦？，约 1908 年）是另一个实例（图 3-7）。它的座位同样按扇形布置。尽管空间面宽较小，但它依然保证议员与空间中的最高的行政官员抚台和督统有着足够近的视觉与听觉交流。然而，1913 年袁世凯谋杀了国民党代

图3-5　建筑师不详：资政院议场，北京，约1910年。图片来源：《东方杂志》，第8卷，第2号，1911年4月：无页码。

图3-6 吉井茂则与Stegmueller, Adolph: 日本帝国议会议事堂,东京,1890年。图片来源: Craig, Albert M., *The Heritage of Japanese Civilization*(Upper Saddle River, New Jersey: 2002): 112.

图3-7 孙支厦(?): 江苏省咨议局,南京,约1908年。图片来源:《国风报》,第1年第1期,宣统元年正月(1909年1月): 无页码。

理理事长、民国初期议会政治的积极倡导者宋教仁，次年又解散了国会，宣告了议会政治在中国的失败，也中断了议会建筑在现代中国的进一步发展。

二、孙中山的革命理想与宣讲空间

孙中山在其革命生涯中很自觉地利用了各种集会宣传他的革命主张。诚如汤承业所指出，这些集会包括欢迎会、追悼会、纪念会以及庆祝会，它们促进了孙中山所希望的"团结人心，纠合群力。"[1]这些集会的空间布置侬集会的性质有正式与非正式之分，但在大多数情形下，孙都以其讲演者的身份扮演了空间中的主角。通常在他身后还有悬挂着的国民党党旗。这种象征物凸显了他作为国民党总理的权威地位。临终前，他在自己的遗嘱里再次强调了宣传革命主张对于国民革命的重要性。他说："余致力国民革命凡四十年，其目的在求中国之自由平等。积四十年之经验，深知欲达此目的，必须唤起民众，及联合世界上以平等待我之民族，共同奋斗。"不同于传统的祭祀这种向死者奉献祭品的纪念仪式，修建一座纪念堂将对孙中山的纪念与意识形态的宣传相结合，使得参与者不仅是来表达他们对孙中山的敬意，也是来接受他的思想的洗礼，并由此激发起实现其遗愿的意志。

然而，孙中山的纪念堂并非一个普通的会堂。其选址和容积显示了国民党人所赋予它的重要性。坐落于广州的市中心，中山纪念堂的所在地在清代曾是抚标箭道、督练公所，以及民国初期的督军衙署，和1921年孙中山就任非常大总统时的总统府。极有可能因为原建筑群已在1922年的陈炯明事变时遭到了毁坏，所以国民党人

---

[1] 汤承业："由集会窥述中山先生'唤起民众'之革命宣传"，《国史馆馆刊》，复刊17期，1994年12月17日，75–93页。孙中山在1919年也说："民权何由而发达？则从团结人心，纠合群力始；而欲团结人心，纠合群力，又非从集会不为功。"（孙中山《民权初步》序）

决定在此建造一座新的孙中山纪念物。纪念堂的建造为城市增添了一座新的礼仪中心，它明确代表了国民党人的政治理念。与选址同样重要的是其规模。1926 年 4 月公布的竞赛章要求规定，"纪念堂为民众聚会及演讲之用，座位以能容纳五千人为最低限度。"这个室内空间在中国史无前例，其容量几乎是当时国民党全国代表大会代表数的 15 倍。[1]对于这个规模的选择，国民党方面并无任何解释，但是毫无疑问，一个宏大的尺度将衬托出孙中山在现代中国的重要地位和贡献，同时它也可以使空前规模的民众参与对孙的纪念并接受其思想的教育。

三、"翻译"方法与广州中山纪念堂的设计

中山纪念堂建筑设计竞赛于 1926 年 9 月揭晓。或许由于广州正经历着省港大罢工（1925 年 6 月至 1926 年 10 月），反帝情绪空前高涨，在华的外国建筑师无人提交方案。中国建筑师吕彦直获得头奖。他 1918 年毕业于美国康奈尔大学并在一年前的南京中山陵的设计竞赛中夺魁。[2]获得二奖和三奖的分别是杨锡宗和范文照，他们在中山陵设计竞赛中获得三奖和二奖。[3]另有三位中国建筑师的方案获得荣誉奖。然而，几乎所有出版物中都没有披露除头奖方案之外的其他参赛方案。

---

1 "悬赏征求建筑孙中山先生纪念堂及纪念碑图案"，《广州民国日报》，1926 年 2 月 23 日。此外，1929 年召开的国民党第三次全国代表大会有代表 330 人；1924 年的一大有 165 人，1926 年的二大有 256 人。

2 "征求孙中山先生广州纪念堂图案成绩启示"，《申报》，1926 年 9 月 27 日。有关吕彦直的生平，请详见赖德霖主编，王浩娱、袁雪平、司春娟合编《近代哲匠录——中国近代时期重要建筑家、建筑事务所名录》（北京：水利水电出版社，中国知识产权出版社，2006 年）。此外，卢洁峰的近著《吕彦直与黄檀甫——广州中山纪念堂秘闻》（广州：花城出版社，2007 年）也披露了一些有关吕的生平，特别是他与严复家庭关系的颇有价值的史料。但在笔者看来，作者对于中山纪念堂的设计所参照的对象是中国古代宝塔这一解读与历史语境和专业语境的距离都过远。

3 杨在广州和香港开业，他也在 1918 年毕业于康奈尔大学。范在上海开业，1921 年毕业于宾夕法尼亚大学。

三位中山陵设计竞赛获奖者姓名的再次出现令人想到，纪念堂的筹备委员会希望使这一设计与南京的个案同样重要。[1]吕彦直的方案与其中山陵设计一样，均采用了中国风格。评委会称赞它"纯中国建筑式，能保存中国的美术最为特色。"[2]

在中山纪念堂设计竞赛之前，已经有过两种设计中国风格会堂的模式。一种可以被称为"中译西"，即改用中国固有建筑使之能服务于西式的功能；另一种可以被称作"西译中"，即将西方的建筑原型改变为中式的风格。第一种取中国传统建筑矩形平面与西方教堂巴西利卡式（Basilica）平面的相似性，再将中国建筑中沿着平面短轴方向进行的礼仪活动变为沿长轴进行，以使中国式的建筑空间能够满足西方宗教的礼仪需要。在这种情况下，建筑的端墙，尤其是入口部分的山墙便获得了视觉上的显要性。中国最早的基督教教堂之一——由意大利传教士潘国光（Francesco Brancati）于明崇祯十三年（1640年）建立的上海敬一堂（The Church of the Immaculate Conception）或许代表了基督教堂中国化的最初尝试（图3-8）。这座教堂即是在一栋歇山顶中国式建筑的山墙端加建一座带有十字架装饰的中式牌楼。加拿大建筑师何士（Harry H. Hussey）在1918年设计的北京协和医院小教堂是这一模式的另一个样例（图3-9）。它的复合体型由呈"工"字形排列的三个中国式的矩形结构组成。工字形的两端是入口门厅及舞台，中间部分为观众厅。[3]

---

1 这一顺序的变化可能是因为杨是广东人，且他与孙科一同回到中国，并在1922年担任过孙执掌下的广州市政府工务局代局长。见"最近回国之留学生"，《申报》，1918年11月2日；"杨锡宗"，勃德编《中国近代名人图鉴》（上海：天一出版社，1925年）。
2 "总理纪念堂、纪念碑奠基典礼"，《广州国民日报》，1929年9月2日。
3 Cody, Jeffrey W., *Building in China: Henry K. Murphy's "Adaptive Architecture," 1914~1935*（Hong Kong and Seattle: 2001），75-85。类似的设计见于北京南河沿救主堂（Anglican Church），见张复合《北京近代建筑史》（北京：清华大学出版社，2004年），55-56页；南京大学校小教堂（The Sage Chapel, A.G.Small, 1921），见Erh, Deke & Johnston, Tess, eds., *Hallowed Halls: Protestant Colleges in Old China*（Hong Kong: 1998）: 48-55。

图3-8 潘国光（Francesco Brancati）：敬一堂（The Church of the Immaculate Conception），上海，（明）崇祯十三年（1640年）。图片来源：*The Chinese Recorder*（教务杂志）68，no.7（July，1937）：封二。

图3-9 Shattuck and Hussey，Architects：北京协和医学院小教堂，北京，1918年。图片来源：本文作者摄，2010年。

图3-10　彭茂美（Emile-Cyprien-Mondeig），茨中村天主教堂，云南德钦，1914年。图片来源：吕彪先生摄赠。

1914年由法国传教士彭茂美（Emile-Cyprien-Mondeig）设计的云南德钦县茨中村天主教堂以一个山墙面作为入口看似采用了这种"中译西"的设计手法（图3-10）。但它在山墙部位设置钟塔的做法却是中国传统建筑所不见的，如果我们知道其原型实际是19世纪英国哥特复兴建筑的重要理论家和建筑师普金（A.W.N.Pugin）提出的一种理想化基督教堂的构图（图3-11），就会相信其设计也是一种"西译中"的表现，这就是将西式建筑原型中哥特风格的构图要素替换为中国风格。[1]中国建筑师杨锡镠在1927年设计的上海中华基督教会窦乐安路（今多伦路）鸿德堂也是这一模式的一个重要个案（图3-12）。该建筑的中式重檐屋顶与哥特教堂中厅和边廊两层屋顶的外观相仿，其入口也是一个钟楼，但将哥特式的尖塔替换成为中式的四角攒尖式亭阁。

---

[1] 另请参见杨大禹："论云南地区的基督教堂及其建筑文化"，张复合主编《中国近代建筑研究与保护》（北京：清华大学出版社，2008年）：20-33页。

第三篇　中山纪念堂———一个现代中国的宣讲空间　　169

图3-11　Pugin, A. W. N.：圣乔治天主教堂（St. George's Cathedral）设计，伦敦，1839年。图片来源：Stanton, Phoebe, *Pugin*（London: Thames and Hudson, 1971），fig.62。

图3-12　杨锡镠：中华基督教会窦乐安路鸿德堂（Fitch Memorial Church of the Church of Christ in China on Darroch Road），上海，1928年。图片来源：*The Chinese Recorder*（教务杂志）60，no.1，（Jan.1929）：封二。（按：渲染图右下角的题字为"[民国]十七年仲秋杨锡镠作"）

"西译中"模式会堂设计的另一个原型是西方"希腊十字"形（Greek cross）平面的建筑。这种平面的建筑在外观上不表现功能上的宗教性，而是强调造型的向心性和各个立面在视觉上的完整性和均衡性，因而自文艺复兴以来便受到人文主义者和古典主义者的推崇，[1]尽管这种平面的会堂会给声学设计带来困难。由美国建筑师茂飞（Henry Killam Murphy）在1918年设计的福建协和大学小教堂是第二种模式的一个代表（图3-13）。它采用希腊十字平面，但将西方原型普遍采用的穹隆顶改变为中式的攒尖顶。[2]而在1906年，由尚不知道名字的建筑师设计的山东潍县广文学堂（Shantung Union College）礼堂是同一手法的另一先例（图3-14）。

吕彦直设计的中山纪念堂采用希腊十字形平面和中国式八角攒尖顶，沿用的是第二种设计模式（图3-15）。这一设计显然受到了建筑师本人学院派的教育、曾经在纽约的生活，尤其是作为茂飞事务所绘图员这些经历的影响。例如，纽约哥伦比亚大学娄氏图书馆（McKim, Mead & White, 1897），这座美国建筑史上著名的新古典风格的作品，与吕彦直在纽约茂飞事务所工作时期间的寓所相距只有五个街区（图3-16）。通过将西方风格的柱廊改变成中式重檐顶的门廊，并将西方风格的穹顶改变为中式的八角攒尖顶，吕彦直创造了一座巨大的中式风格的公共建筑。而他对这一方法的运用应该是受到了茂飞设计的福建协和大学小教堂的启发。

尤其需要指出的是，茂飞在1914年为吕的中国母校清华学校设计的大礼堂也采用这一平面（图3-17）。在这座红砖白饰（red brick and white trim）建筑的设计中，建筑师和业主很可能都希望通过建筑表达对于新生的民国的热情。这是因为，虽然茂飞本人和当时清华学校的校长周诒春学习所在的耶鲁大学校园以哥特复兴式建筑著名，但

1　参见 Wittkower, Rudolf, *Architectural Principles in the Age of Humanism*（1st.ed., 1949, 4th.ed., West Sussex: Academic Editions, 1988）: 15–40.

2　*Cody*, *Building in China*, 89–92.

图3-13 茂旦洋行(Murphy & Dana,Architects):福建协和大学透视图(小教堂局部),约1918年。图片来源:耶鲁大学Sterling Memorial Library特许发表。

图3-14 建筑师不详:广文学堂礼堂,潍坊,1904~1906年。图片来源:*The Chinese Recorder*(教务杂志)37,no.10(Oct.1906):封二。

图3-15 吕彦直:中山纪念堂和纪念碑设计,1926年。图片来源:《图画时报》,1926年10月10日。

图3-16 McKim, Mead & White: Low Library, Columbia University, New York City, 1893. 图片来源:本文作者摄,1996年。

第三篇　中山纪念堂——一个现代中国的宣讲空间　　173

图3-17　茂旦洋行（Murphy & Dana，Architects）：清华学校大礼堂，北京，1914~1921年。图片来源：本文作者摄，2002年。

在清华校园的规划和大礼堂建筑风格的选择上，他们参照的蓝本却是体现着托马斯·杰弗逊（Thomas Jefferson）共和理想的弗吉尼亚大学和古罗马建筑，尤其是穹隆顶的罗马万神庙以及它的衍生建筑，如帕拉第奥（Andrea Palladio）的圆厅别墅（Villa Rotanda，约1550）和杰弗逊的自宅（Monticello，1769~1982，1796~1809）。[1]如此而言，吕彦直以希腊十字平面设计中山纪念堂即使不是刻意表现建筑与共和国的关联，其做法也是颇为恰当的。[2]

---

[1]　1918年6月的 *Tsing Hua Journal* 上一篇题为"Tsing Hua New Buildings"的文章可以作为这一论点的旁证。评论说："我们的大礼堂可以被恰当地视为古罗马的议事广场（Forum Romanum），在这里初露头角的众西斯罗们将发表他们的高论。"转引自 Cody, *Building in China*, 68。

[2]　吕虽因身在美国而未必见过该建筑实物，但他在茂飞事务所工作，必然了解母校的这栋新建筑。耶鲁大学 Sterling Memorial Library 茂飞档案中至今保存的一张该建筑的大幅照片应即事务所所曾陈列。

中山纪念堂南北长约 80 米，东西宽约 70 米，地坪至穹顶的高度为 51 米，八角攒尖式屋顶的钢屋架跨度为 30 米。其规模之大，在中国是史无前例的。它的室内空间呈八角形。舞台在南北轴线的北端，近 4608 座的观众席分为上下两层，其中首层的池座有 2181 席，面向舞台；837 席廊座和 1590 席楼座呈 U 形在东、南和西三面与舞台环合。[1] 池座 31 排，廊座 6~7 排，楼座 7~10 排，连带走道宽度，空间的长宽均超过了 50 米。与巴西利卡平面中讲演者与听众相向而处的空间安排相比较，尽管 U 形布置的座位使得观众与对面池座、廊座和楼座的观众可以相互面对，但在中山纪念堂这个巨大的空间中，他们之间过大的距离使得表情的判别和视觉的交流已无可能。

纪念堂空间的焦点是舞台后墙上由云纹衬托的太阳图案中的孙中山半身浮雕像和像下方的孙中山遗嘱（图 3-18）。如果说在生前孙本人通常扮演了国民党宣讲空间中的主角，他的遗像和遗嘱则在他死后成为了这一空间中永恒的焦点。如同基督教堂中的圣坛，孙中山的偶像和其被纪念碑化的遗嘱，使得已故总理不仅是空间中的最高监督者也是最高训导者。纪念堂中集会的参与者必须仰视孙的遗容，恭诵他的遗嘱，同时想象自己正在已故总理的俯察之下。于是，在纪念堂中的集会成为一种以孙中山这位精神领袖为中心的礼仪。人们向他汇报，同时接受他的教导。同时，纪念堂空间又使集会的组织者获得了一种如同传教士在教堂中所有的双重身份：当他/她面向孙中山的遗像时，他/她以听众为依托并扮演他们的领导者；当他/她面向观众时他/她以孙中山的像和遗嘱为背景而充当孙中山遗愿的代表。

建筑师吕彦直因患癌症在 1929 年 3 月 18 日逝世。中山纪念堂工程由其合作者李锦沛建筑师和业务经理黄檀甫负责，并在结构工程师李铿和冯宝龄，以及承建者馥记营造厂的配合下继续进

1　林克明："广州中山纪念堂"，《建筑学报》，1982 年，第 3 期：33-41 页。

第三篇 中山纪念堂——一个现代中国的宣讲空间 175

图3-18 吕彦直：中山纪念堂室内，广州，1926年。图片来源：彭长歆博士摄赠，2009年。

行，在 1931 年的"双十节"竣工。[1]

四、作为宣讲空间的礼堂与现代中国

作为一个宣讲空间，中山纪念堂是孙中山"唤醒民众"，即用一种政党的意识形态改造国民这一思想的物质体现。[2]作为一个纪念物，它结合了西方学院派建筑传统与中国风格，反映了中国的民族主义者对于现代中国的期盼，这就是将东西方文化中的优点相结合。如此大跨度建筑的成功落成，也是中国建筑现代化所取得的一个巨大成就。

从设计方法上说，吕彦直采用了一种"翻译"的手法，即在大型会堂建筑这一中国史无先例的建筑类型的设计上，通过对西方建筑原型造型要素作相应中国风格的变形以实现中国化和现代化的双重目标。尽管这一方法在此之前已有茂飞等西方建筑师的尝试，但在这方面吕彦直无疑是中国建筑师中最初的实践者，而他设计的南京中山陵祭堂（1925 年）以及广州中山纪念堂则是这一方法的集中表现。[3]20 世纪 50 年代，建筑的"可译性"问题再次引起了建筑

---

1 李锦沛 1920 年毕业于美国纽约 Pratt Institute 的建筑系；黄檀甫 1922 年毕业于英国 Leeds University 的纺织工程系；李铿和冯宝龄分别于 1916 年和 1922 年毕业于美国康奈尔大学土木工程系并获硕士学位。毕业于法国的林克明担任了业主，即中山纪念堂筹备委员会的顾问建筑师，他也对中山纪念堂的建造作出了贡献。有关李锦沛、李铿、冯宝龄和林克明生平的详细情况，请参见赖德霖等编《近代哲匠录》，32、62-64 和 80-81 页。有关馥记营造厂的情况请参见 Voh Kee Construction Company, *China Builds*: *Twenty-five Year's Progress*（Shanghai：Voh Kee Construction Company, 1946）以及 *Voh Kee Construction Company Ltd.*：*Sixty Year's Service*, *1922~1982*（Taibei：Privately published, 1982）。感谢郭伟杰（Jeffrey W. Cody）博士告知我这两部著作。

2 费约翰（John Fitzgerald）认为"唤醒民众"是中国现代史的一个重要主题。见 Fitzgerald, John, *Awakening China*：*Politics*, *Culture*, *and Class in the Nationalist revolution*（Stanford：Stanford University Press, 1996）。

3 笔者关于南京中山陵的研究请见"探寻一座现代中国式的纪念物——南京中山陵设计"，范景中、曹意强主编《美术史与观念史》, IV（南京：南京师范大学出版社, 2005 年）：159-208 页。

第三篇　中山纪念堂——一个现代中国的宣讲空间　177

图3-19　茂飞：拟建中央政治区，南京，1929年。图片来源：《首都计划》（南京：1929年）。转引自：Cody, Jeffrey W., *Building in China: Henry K.Murphy's "Adaptive Architecture," 1914~1935*（Hong Kong and Seattle: 2001），fig.41。

家们的关注。[1]

　　不仅如此，作为一个现代政党的礼仪中心，中山纪念堂给中国现代的城市规划提供了一个坐标点。1929年广州市政府决定建造新的市府合署。它坐落于正在施工中的中山纪念堂的轴线南方。在广州之后，茂飞提出了南京首都计划的国民政府行政中心规划（图3-19），而中国建筑师董大酉也为大上海计划中的市中心区域提出了设计方案（图3-20）。二者均采用了美国城市美化运动典型的大轴线构图，同时各以一个希腊十字平面、中国风格的党部建筑作为轴线的起点，统领前方的政府中心及城区。

　　中山纪念堂还是20世纪后半叶中国政治中另外一个著名的宣讲空间的先例，这就是建于1959年在天安门广场西侧的人民大会堂（赵冬日、张镈，1959年）。[2]这座大会堂体现了毛泽东所主张的"民主集中制"，——如果其中供代表们议政的各个省厅体现的是民主性，进行集会的万人大会堂则与30年前建造的中山纪念堂一样体现了集中性（图3-21）。与现实社会中宣讲空间的迅速发展相一致，对教育

1　有关建筑的"可译性"的讨论见于梁思成："中国建筑的特征",《新建设》, 1954年第2期；运用"翻译"手法的建筑实例有北京政协礼堂（赵冬日, 1955年），北京友谊宾馆和民族文化宫（张镈, 1954、1959年）。
2　北京规划管理局人民大会堂设计组："人民大会堂",《建筑学报》, 1959年, 第10期：23-30页。

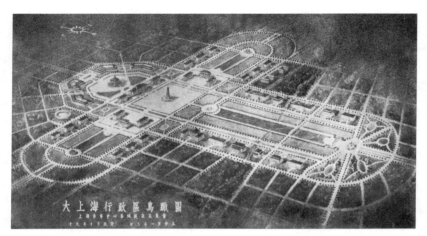

图3-20　董大酉：大上海行政区鸟瞰图，上海，1930年。图片来源：《上海市政概要》（上海：1934年），图5。

图3-21　人民大会堂内景。图片来源：人民大会堂管理局，中国照片档案馆（合编）《人民大会堂（1959~1989）》（香港：香港中国广告公司，1989年），83页。（感谢朱涛先生代为查找）

民众的场景以及对宣讲空间的表现也成为 20 世纪中国美术中的重要内容。

注：英文原文 "The Sun Yat-sen Memorial Auditorium, A Preaching Space for Modern China" 刊登于 Jeffrey W.Cody; Nancy S.Steinhardt; Tony Atkin, eds., *Chinese Architecture and the Beaux-Arts* (Honolulu: University of Hawai'i Press, 2011): 279-300.

附录：中山陵祭堂孙中山像基座浮雕正名

如果说文化遗物是时间上的历史过去在今天的空间存在，那么纪念物就是对一种历史过去的自觉选择、记录、阐释，以及人为再现。如果说一个民族国家即本尼迪克特·安德森（Benedict Anderson）所认为的一种"想象的共同体"，那么纪念物也就是维系这个共同体想象的一种物质纽带。中国民国时期最重要的纪念物无疑是南京的中山陵。作为中国共和之父的安息所在，它自建成之日起就是锚固全球华人国族认同的一个圣地。

中山陵的礼仪中心是祭堂，祭堂的中心是孙中山的白色大理石座像。众所周知，这一雕像及其基座四个侧面之上的六片浮雕为法国著名雕刻家保罗·朗特斯基（Paul Landowski，原译龙图氏，1875~1961年）的作品（图1）。但众所不知的是六片浮雕的设计原名。

目前中山陵的导游说明及其他有关介绍，包括南京市档案局和中山陵园管理局编著的一些书籍都

图1 "法国雕塑家龙图氏在巴黎郊外别墅为中山先生造像"。图片来源：《图画时报》，1929年8月11日。

将这些浮雕依次定名为"出国宣传"和"商讨革命"(东侧)、"国会授印"(北侧)、"振聋发聩"和"讨袁护法"(西侧),以及"如抱赤子"(南侧)(图2~图5)。浮雕命名体现了对于浮雕内容的图像学解释,所以这些标题无疑意在强调孙中山对于中国建立共和所作的贡献。它们的权威性之高,以至不仅被广大旅游者所接受,而且还被现有关于中山陵的大部分学术研究所采纳。这一命名的起始与依据尚待查证,不过它们是否就是雕刻发起者和设计人的原意却不能不令人追问。如果考虑到这些浮雕是孙中山革命生涯的一个概览,而"讨袁护法"发生在1916年和1917年,其时孙中山任护国军大元帅,浮雕像应着军服而非便装,且此后距他逝世尚有8年,现有标题画像学解释的不准确性以及作为一种叙述的不完整性则显而易见。

事实上六片浮雕的原标题早已在座像基座的设计图上标明。这些图纸与大部分其他中山陵设计图纸现存南京市城建档

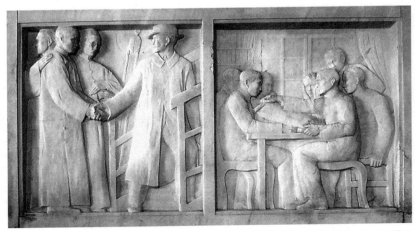

图2 保罗·朗特斯基:"出国宣传"、"商讨革命"(现标题)/"乙未流亡"、"同盟之会"(拟改标题)。图片来源:殷力欣先生摄赠。

附录：中山陵祭堂孙中山像基座浮雕正名　　183

图3a　保罗·朗特斯基："国会授印"（现标题）/"当选总统"（拟改标题）。图片来源：殷力欣先生摄赠。

图3b　保罗·朗特斯基："国会授印"（现标题）/"当选总统"（拟改标题）（创作稿）。图片来源：《图画时报》，1929年8月11日。

图4 保罗·朗特斯基:"振聋发聩"、"讨袁护法"(现标题)/"一大会议"、"宣传主义"(拟改标题)。图片来源:殷力欣先生摄赠。

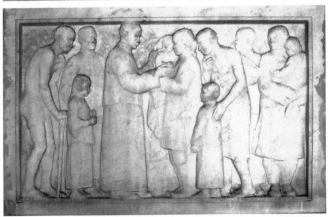

图5a 保罗·朗特斯基:"如抱赤子"(现标题)/"疗疾问苦"(拟改标题)。图片来源:殷力欣先生摄赠。

图5b 保罗·朗特斯基:"如抱赤子"(现标题)/"疗疾问苦"(拟改标题)(创作稿)。图片来源:《图画时报》,1929年8月11日。

案馆。[1] 图纸上标注的浮雕原名为法文，对应于目前的标题，它们分别是 Le Départ en Exil（流亡国外）、Conférence de Tokio（东京会议）、Election à la Présidence（当选总统）、Conférence de Canton（广州会议）、Le Président Sun Yat-sen Explique Au Peuple Le Programme Nationaliste（孙中山总统向民众宣讲民族主义大纲，或可简译为"宣传主义"），以及 Doctor Sun Yat-sen Guerissant Les Malades/Doctor Sun Yat-sen soignant Les Maladies Pauvres（孙逸仙博士疗疾问苦，或可简译为"疗疾问苦"）(图6)。参照孙中山的生平，我们不难判定，除"疗疾问苦"没有明确的时间地点所指之外，其他五个标题均与孙中山革命生涯中的若干主要事件有关。依时间顺序，"流亡国外"当指1895年第一次兴中会起义失败后他的流亡，这次起义历史上又称"乙未之役"，

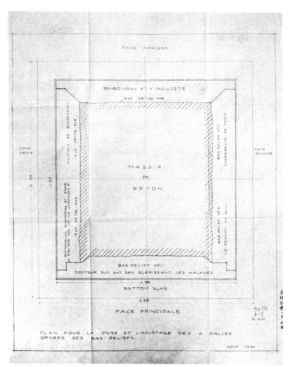

图6 彦沛记建筑师事务所（？）："总理石像像座剖面"（南京市城建档案馆复制）。图纸来源：南京市城建档案馆档案，编号11100710090-005。

---

1 南京市城建档案馆档案，编号11100710090-005。

所以浮雕名也可另译为"乙未流亡";"东京会议"当指 1905 年他在东京创办同盟会,所以也可另译为"同盟之会";"当选总统"则是他在 1912 年就职中华民国临时大总统;"广州会议"当指 1924 年的国民党第一次全国代表大会,所以也可另译为"一大会议";"宣传主义"则是表现他在同年 1 月至 8 月关于"三民主义"的系列讲演。

尽管这 5 片浮雕所表现的内容颇可以被视为对孙中山革命生涯的一个历史性概括,但它们在空间安排上又被分为三组,体现了孙的革命三个最主要的方面,以及他对现代中国的三个基本理想。如东侧的两片表现了孙中山的反清革命,以及他建立以"驱逐鞑虏,恢复中华"为纲领的同盟会,所以其主题当是民族主义。北侧的浮雕"当选总统"表现他受权国会,其主题当是民主与共和。西侧的两片表现了他提出"三民主义"的国民党第一次全国代表大会和他在工农之中对于该主义的宣传,其主题则当是民生主义。因此概括而言,这些浮雕可以说是孙中山"三民主义"奋斗史的图解。而"民族"、"民权"和"民生"六个大字也被镏金镌刻于祭堂入口的门楣之上。浮雕与这些大字一样,凸显了国民党人在孙中山的葬礼活动中对于这一思想的宣传。

"疗疾问苦"位于座像基座的正前方。它表现了孙中山面对贫苦的民众,正在伸手抚慰一位母亲怀抱中的幼儿。孙的长袍马褂形象令人想到他生命的最后之旅,即北上谈判时的衣着,但"疗疾问苦"的主题又是一种象征,即象征他的国父地位。尽管国民党正式明令全国尊称孙中山为"中华民国国父"是在 1940 年,但正如李恭忠已经指出,早在 1925 年孙逝世之初,各地的悼念活动已经广泛使用"国父"一词来称呼他。[1]视觉材料中对于"国父"的表现同样出现于孙的葬礼。1929 年 6 月 1 日中国国民党中央执行委员会宣传部发表的一幅宣传画就表现了孙中山正牵着一个象征"中华民国"的幼儿的双手步上"训

---

1 李恭忠《中山陵:一个现代政治符号的诞生》(北京:社会科学文献出版社,2009 年):346 页。

政"的阶梯（图7）。不过，不同于宣传画和其他5片浮雕，"疗疾问苦"画面中的孙中山身着长袍和马褂。西装和中山装无疑表现的是孙作为国民党总理的现代政治家形象，而传统装束则强调了他作为一国之父的文化象征。[1] 这一新形象最终端坐于祭堂之内，极目寰宇，手展宏图，接受着认同他的理想的人们的瞻礼。

中山陵还有另一尊白色大理石雕像，这就是墓室内的石棺上由旅沪的捷克艺术家高祺（Bohuslav J.Koci）雕刻的孙中山卧像（图8）。如果说高氏表现的是已故的总理，他的政治生涯可以用"乙未流亡"、"同盟之会"、"当选总统"、"一大会议"和"宣传主义"五个片段简短概括，那么朗特斯基表现的则是永生的国父（图9）。国人永远不会忘记，他在那个灾难深重的时代，对于身处水深火热之中的民众的"疗疾问苦"。

图7　中国国民党中央执行委员会宣传部："依总理遗教训政"。图片来源：Harrison, Henrietta, *The Making of the Republican Citizen*（New York: Oxford University Press, 2000）: 218–219.

1　另据最新披露的资料，朗特斯基同样认为他为雕像确定的服饰具有中国特质。正如他在1928年报10月15日的日记中所写："从昨天忙到今天下午，终于将孙逸仙像的胸像做了重大的调整，同时我又叫 Dulac 做了一个穿西装的模型，的确很不相称。真惊讶地看到有些人自己无法判断 什么是有价值的东西，他们往往会盲从地受到别人错误判断的影响，一定是因为这种感受使得这些中国人不得不希望一个穿西服的雕像。欧洲对他们有着强烈的吸引力和极大的魅力，他们会以为欧洲人瞧不起他们是因为穿着长袍马褂。他们却没有想到长袍马褂使他们保持了神秘和特色，也使别人对他们刮目相看。"见"法国大师坚持让'孙中山'穿上长袍"，《现代快报》，2011年3月16日。http://news.dsqq.cn/njxw/shxw/2011/03/160850112641.html。

图8 高祺（Bohuslav J.Koci）：中山陵孙中山卧像，南京，1930年。图片来源：殷力欣先生惠赠。

图9 朗特斯基（Paul Landowski）：中山陵孙中山坐像，南京，1930年。图片来源：殷力欣先生惠赠。

注：原文刊登于《中国建筑文化遗产》，第1期，2011年8月。78–81页。

索 引

2 划

乃君（Cyrill Nebuskad）n112, 117, 122

人民大会堂 157, 177, 178

卜罗德（Auguste Léopold Protet,）72

3 划

广文学堂礼堂 170, 171

士达打样建筑公司（Zdanowitch）113, 118, 119, 120

于均祥 57

大上海计划 87, 177

马加里（Augustus Raymond Margary）63, 64

马宗汉 18

4 划

五卅烈士墓 52, 53, 149, 150

犬养毅 161

天坛 前言 5, 2, 3, 4, 5, 6, 107, 119, 121

王一亭 111, 122, 141

王汝良 26

王世裕 19

王国维（王静安）70, 71

王景歧 74, 75

王楠 65, 66, 109, 110

开尔思（Francis H. Kales）112, 113, 114, 115, 117

戈登士达（W. Livin Goldenstaedt）112, 114, 116, 117, 118, 119, 120

巴夏礼（Sir Harry Smith Parkes）72

中山纪念堂（一般）前言 6, 82, 83, 84, 87, 94

中山纪念堂（广州）前言 6, 前言 7, 68, 83, 85, 86, 93, 153, 155, 157, 158, 164, 165, 166, 170, 172, 173, 174, 175, 176, 177

中山纪念堂（梧州）86, 87, 88, 89, 91, 93, 95

中山纪念碑 68, 69

中山陵 前言 6, 11, 21, 29, 43, 44, 46, 49, 68, 80, 81, 82, 86, 92, 97, 98, 101, 102, 103, 110, 112, 113, 114, 115, 116,

说明：斜字为西人名

117, 118, 119, 120, 122, 123, 126, 131, 133, 134, 135, 136, 137, 138, 139, 140, 142, 143, 144, 145, 146, 147, 152, 153, 154, 165, 166, 176, 181, 182, 186, 187, 188

孔子 2, 6, 7, 8, 9, 10, 11, 12, 14, 28, 31, 143, 147

孔庙 前言 5, 2, 6, 8, 11, 12, 13,

孔林 10, 11, 12, 31, 143

孔德成 12

公理战胜坊 59, 60, 61, 108

比亚托（Felice Beato）114

5 划

冯玉祥 5, 12, 21

冯国璋，冯国璋墓 42, 43, 45

冯宝龄 174, 176

本雅明（Walter Benjamin）58

东南建筑公司 88, 132

左宗棠 17

弗雷（W. Frey）112, 117, 118

叶楚伧 10

田文烈 30

6 划

关羽 13, 14,

关岳庙 前言 5, 13, 14, 28

刘人熙 19

刘士琦 52, 53, 149

刘敦桢 6

安德森（Benedict Anderson）94, 181

江小鹣 74, 76, 77, 78, 80, 81, 109

江苏省咨议局 162, 163

汤承业 164

光绪 2, 6, 13, 16, 28, 29, 31, 61, 118

协和医学院小教堂 167

朴士（Emil Busch）111, 122

列宁（Vladimir Ilyich Lenin），列宁墓 102, 103, 119, 135

孙大章 31, 32

孙中山，孙中山坐像，孙中山卧像 前言 4, 前言 5, 前言 6, 前言 7, 10, 11, 18, 23, 43, 49, 50, 54, 68, 71, 78, 79, 80, 81, 82, 83, 84, 86, 87, 93, 94, 97, 99, 100, 101, 102, 103, 105, 110, 112, 113, 114, 116, 117, 118, 119, 120, 122, 126, 127, 128, 129, 130, 131, 133, 134, 135, 136, 138, 141, 143, 145, 146, 147, 148, 152, 153, 154, 158, 161, 164, 165, 174, 176, 181, 182, 185, 186, 187, 188

朱启钤 6, 33, 36

伊尔底斯炮舰纪念碑（Shanghai Iltis Denkmal）61, 63

华南圭 54

华盛顿（George Washington, Washington D.C.），华盛顿纪念碑 52, 66, 67, 84,

121, 124, 126, 132, 133, 135, 136, 138, 140, 141, 150, 158,
华尔（Frederick Townsend Ward）64, 65

7 划
汪利平 102, 128, 141
汪精卫 10, 11, 55, 88
沈艾娣（Henrietta Harrison）20, 102, 128
辛亥革命 前言 4, 前言 5, 1, 3, 16, 18, 19, 30, 46, 53, 57, 65, 74, 77, 79
辛亥秋保路死事纪念碑 57, 65, 66, 67, 109, 110
良弼 53,
孝陵 102
阿穆尔灵圭 28
宋教仁 19, 77, 164
克林德（Klemens Freiherr von Ketteler），克林德碑 60, 61,
克瑞（Paul P. Cret）140, 141, 154
杨守仁 17, 18
杨廷宝 6, 43, 45, 46, 141, 154
杨卓林 17
杨禹昌 57
杨锡宗 50, 51, 52, 109, 122, 123, 126, 145, 151, 152, 165, 166
杨锡镠 86, 87, 88, 89, 90, 168, 169

李金髪 77, 111, 126, 131, 141, 145
李恭忠 84, 101, 129, 143
李鸿章，李鸿章铜像 16, 17, 73, 74
李铿 174, 176
李锦沛 174, 176
张之洞 16, 17,
张先培 57,
张勋 5, 8
张静江 59, 101
陈天华 17, 18, 48, 147, 148
陈化成 16
陈布雷 147
陈连升 16
陈英士，陈英士像 76, 77, 78, 109
陈济棠 10
陈复汉 18
陈独秀 9
陈蕴茜 80, 81, 83, 87, 93
吕彦直 28, 43, 44, 68, 69, 85, 98, 122, 126, 131, 132, 133, 135, 138, 139, 140, 141, 143, 144, 145, 146, 152, 153, 154, 157, 165, 166, 170, 172, 173, 174, 175, 176
吴佩孚 5
吴禄贞 19
吴樾 17
岑毓英 16
何士（Harry H. Hussey）166

何其巩 54

8 划
林则徐 16, 74, 75
林克明 174, 176
林纾 29, 30
林肯（Abraham Lincoln）, 林肯纪念堂 135, 136, 138, 158
林森，林森墓 43, 50, 55
林徽因 154
邹容 66
岳飞 6, 13, 14
岳坟 14
佩夫斯纳（Nikolaus Pevsner）155
国民革命军阵亡将士公墓 21, 22, 23, 24, 25, 27, 57, 108
忠烈祠 15, 17, 19, 20, 21

9 划
宣统 13, 16, 163
郑玄 41
郑先声 17, 18
首都计划 87, 126, 177
赵冬日 177
赵秉钧 28
赵深 119, 120, 121, 124, 126, 153, 154
赵声 19, 77
胡林翼 16

南岳忠烈祠 26, 27
范文照 122, 123, 124, 126, 130, 131, 153, 165
茂飞（Henry Killam Murphy）21, 22, 23, 24, 25, 108, 109, 114, 115, 132, 133, 153, 170, 173, 176, 177
茂旦洋行（Murphy and Dana, Architects）21, 171, 173
费约翰（John Fitzgerald）48, 147, 149, 176
省港大罢工 165
保卫和平坊 61
秋瑾 19, 20, 50, 59, 109, 152
段祺瑞 8, 19, 46
俞子夷 155
俞景朗 18
昭忠祠 15, 16, 20, 21, 67

10 划
唐绍仪 19, 20
朗特斯基（Paul Landowski）80, 81, 82, 181, 182, 183, 184, 187, 188
凌鸿勋 88, 93, 106, 107, 111, 126, 131, 141, 145, 147
资政院议场 161, 162
高奇峰 148, 149
高祺（Bohuslav J. Koci）81, 130, 135, 187, 188

郭伟杰（Jeffrey W. Cody）106, 176

郭宝恕 19

郭适（Ralph Croizier）149

袁世凯 前言 5, 3, 4, 5, 7, 17, 19, 28, 30, 43, 46, 57, 99, 143, 162

袁林 30, 31, 32, 33, 34, 35, 36, 37, 38, 39, 40, 41, 42, 43, 46, 143

载洵 18

格兰特将军墓（General Grant National Memorial, Grant's Tomb）122, 124, 135

恩那（C. Y. Anner）112, 117, 118

陶成章 59

陶骏葆 19

陶逊 19

陶澍 16

恩铭 18

拿破仑（Napoléon Bonaparte），拿破仑墓 135, 136

钱伯斯（William Chambers）107

徐世昌 32, 39

徐苏斌 65, 67, 110

徐锡麟 18, 76

殷力欣 21, 26, 28, 93, 182, 183, 184, 188

11 划

鸿德堂 90, 91, 168, 169

清华学校，清华学校大礼堂 132, 170, 173

康有为 8

梁启超 104, 105, 160, 161

梁思成 6, 12, 13, 70, 71, 91, 141, 154, 177

梁鼎芬 29, 30

阎锡山 12

梅屋庄吉 79, 81

黄之萌 57

黄花岗七十二烈士墓 50, 51, 52, 150, 151

黄毓英 19

黄兴，黄兴墓，黄兴铜像 46, 47, 65, 77, 78, 79, 109

隆裕太后 2

崇陵 2, 28, 29, 30, 118

盛宣怀 74

12 划

普金（A. W. N. Pugin）168

曾国荃 16

曾国藩 16, 17

曾德昭（Alvaro Semedo）107, 115, 116

博兹多根（Sibel Bozdogan）99

彭大将军 54, 55, 57

彭茂美（Emile-Cyprien-Mondeig）168

彭家珍 19, 53, 54, 55, 57

彭、杨、黄、张四烈士墓 58

韩复榘 12

蒋介石,蒋介石铜像 5, 9, 10, 12, 25, 78, 79

蒋翊武 64, 65

程璧光 14, 77

13 划

溥仪 5

新生活运动 10, 12, 79

雍正 7, 16, 27,

福格森(James Fergusson) 107, 113, 114, 115, 119, 121

董大酉 177, 178

敬一堂 166, 167

鲍希曼(Ernst Boerschmann) 25

14 划

谭延闿,谭延闿墓 14, 43, 45

谭嗣同 19

端方 17, 18

廖宗元 18

赫门(H. Hagemann) 102, 111

赫德(Robert Hart) 72, 73

僧格林沁 28

熊成基 17

15 划

潘光哲 66

潘国光(Francesco Brancati) 166, 167

醇贤亲王 13, 31, 32

贤良祠 15, 27

蔡元培 9, 18, 19, 20, 48, 59, 76,

蔡锷,蔡锷墓 19, 46, 47, 48, 49, 65, 109

黎元洪 14, 19

17 划

戴传贤 10, 11, 84, 129

戴鸿慈 84, 104, 149

18 划

馥记营造厂 174, 176

致　谢

笔者对民国礼制建筑和中山纪念建筑的研究经历了一个为期不短的过程。其间许多亲人、师友和机构都曾厚惠于我，对此我已经在若干阶段性成果发表之时表达了谢忱。但为了本书资料的收集、文稿的完成和如愿出版，我仍要特别感谢殷力欣教授、卢永毅教授、Elizabeth Grossman 教授、夏南悉（Nancy S.Steinhardt）教授、郭伟杰（Jeffrey W.Cody）教授、徐苏斌教授、傅朝卿教授、洪再新教授、李恭忠博士、朱涛博士、彭长歆博士、张天洁博士、丁垚博士、刘畅博士、闵晶女士、施纯琳（Catherine Stuer）女士、施杰和徐津先生，湖南省博物馆聂菲研究员、贵州省博物馆张兰斌书记和梧州孙中山纪念堂黄裕峰主任，以及黄健敏教授、侯幼彬教授、罗圣庄教授、邱博舜教授、杨永生先生、欧阳莹女士、施柏如女士和王莉慧女士等。导师汪坦教授、巫鸿教授在我研究中国近代建筑史和中山纪念建筑过程中所给予的教导，以及美国亚洲文化协会（Asian Cultural Council）和格拉姆基金会（Graham Foundation）先后给予的资助也永远令我感铭。

赖德霖
2011 年 10 月于路易维尔

后　记

　　本书是笔者 2011 年在台湾出版的《中国建筑革命——民国早期的礼制建筑》一书的简体字版，而《民国礼制建筑与中山纪念》是我为它起的原名。正如我在前言中所解释，本书的编写有三个目的：一是帮助人们重新认识民国以来的礼制建筑；二是加深了解中山纪念建筑作为一种政治和文化的象征，对于促进现代中华民族国族认同的重要性；三是为现代中国的礼制建设提供借鉴。如果说第一个目的纯为历史，那么后二者针对的则是现实。

　　当今中国两岸分裂，要实现国家的统一，一个重要前提是建立新的国族认同。那么中国的"共和之父"孙中山先生和他的三民主义理想是否可以是海峡间的一座桥梁？纪念他的建筑有是否可以是全体华人的一条纽带？

　　当今中国在实现物质现代化的同时也面临着道德重建的问题。当天地神鬼、三纲五常都已经遭到现代社会的摒弃之后，传统礼制中为了"崇德报功"并使后人"观感奋发，知所效慕"和"用劝在官"的祭祀或纪念制度是否仍应继承并发扬光大？

　　2011 年 10 月 1 日当我看到党和国家领导人集体在人民英雄纪念碑前献花的时候，我曾兴奋地对朋友说："制礼作乐，今其时也。"但当台湾出版社的编辑同时告诉我"对台湾市场来说孙中山先生的个人魅力和影响力已不强，所以还是不 建议放入书名内"时，我感到了担忧。

　　感谢中国建筑工业出版社对于本书简体字版出版所给予的支持，感谢湖南省委宣传部蒋祖烜副部长为我提供的调研机会和赠送的史料，感谢责任编辑李鸽女士所付出的辛勤劳动。

2012 年双七节